# Vinterns söta

# Vinterns söta

ÄNNU FLER FRESTELSER
FRÅN FÖRFATTARNA TILL TVÅ SYSTRARS SÖTA

LISA EISENMAN FRISK OCH MONICA EISENMAN

FOTO ROLAND PERSSON

**BONNIER FAKTA**

www.systrarnaeisenman.se

Bonnier Fakta
Box 3159
103 63 Stockholm
www.bonnierfakta.se


Text Lisa Eisenman Frisk och Monica Eisenman
Foto Roland Persson
Grafisk form Monica Eisenman och Yvonne Berggren
Matstyling Monica Eisenman
Omslagsstyling Catherine Ekström
Repro Fälth & Hässler i Värnamo
Tryck Livonia Print, Lettland 2014
ISBN 978-91-7424-468-7

# *Från början var det meningen*

att denna kokbok skulle heta Julens söta och skulle vara en liten bok med tips och recept på julsötsaker. I trettio graders sommarvärme mitt i juli månad förmådde vi våra tjejer på caféet (de är alla körtjejer) att sjunga Stilla natt och Nu tändas tusen juleljus för att hjälpa oss med inspiration inför vårt julbak – sisådär sex månader för tidigt. Trots den olidliga värmen i köket och trots vår längtan till att bada i stället för att stå och koka knäck fann vi faktiskt skaparlust – så pass mycket att vi plötsligt hade tredubblat den mängd recept vi skulle ha från början. Och så tänkte vi varför begränsa oss bara till julen? Vi behöver ju faktiskt lite sött och gott under hela vintern. Så boken fick fler sidor med fler recept och framför allt fler vackra bilder. Och så fick den heta ***Vinterns söta***.

Vad är egentligen vinterns söta? Jo, det är den varma chokladen man dricker efter en lång dag i skidbacken. Det är desserten man firar in det nya året med. Det är julgodiset som man hinner äta upp före andra advent. Det är en lyxig tryffel man unnar sig själv en vardag mitt i den mörka januari då allt känns lite trist och tråkigt.

Men tänk på att vintern faktiskt inte är så lång, så skynda er nu och vispa och knåda er genom denna bok, eftersom vi just nu i skrivande stund med snön som faller utanför fönstret redan prövar nya recept för vårt nästa hjärtebarn, *Sommarens söta*...

Med vintergnistrande hälsningar

*P.S. Här är några tips för att bäst lyckas med recepten. Investera i en digital termometer. I många av recepten är det viktigt att hålla en exakt temperatur. I recepten som innehåller choklad är det att föredra att välja en choklad med hög kakaohalt, utom när du exempelvis ska doppa tryfflar. Då blir det faktiskt bättre med en enklare block (som inte längre kallas choklad) med låg kakaohalt. Denna sort innehåller mera fett vilket faktiskt är bra, eftersom chokladen inte missfärgas om den kyls efter det att den har smält.*

## Tryffel

Det som är så underbart med tryffel – förutom att det är gudomligt gott – är att det är så himla enkelt att göra och att man kan variera med så många smaker. Här är det klassiska receptet på chokladtryffel. Det kan du använda som grund om du vill vara lite äventyrlig och själv experimentera med olika smaksättningar. Annars finns på följande sidor våra spännande och härliga tryffelrecept.

Förvara tryfflarna i kylskåpet, men kom ihåg att ta ut dem en stund innan du ska servera dem.

ca 25 kulor

*225 g mörk choklad (60–70 % kakaohalt)*
*1 1/2 dl vispgrädde*
*25 g rumsvarmt smör*

*kakao*

Hacka chokladen fint och lägg i en bunke.

Koka upp grädden och häll den över chokladen. Låt stå i några minuter utan att röra. Tillsätt smöret i små klickar och blanda försiktigt till en slät kräm. Låt tryffelkrämen svalna i rumstemperatur. Ställ sedan in den i kylen. Rör om ungefär var femtonde minut. Efter ca 40 minuter kommer krämen att stelna snabbt, så rör då om var tredje minut tills den är så pass fast att den går att forma.

Doppa en klick av tryffeln i kakao så att den inte fastnar i händerna och rulla till en slät kula. Det går även bra att nypa ihop tryffeln till ojämna bollar för en mer handgjord touch. Avsluta med att rulla tryffeln i kakao eller annan valfri garnering.

Här är några förslag:

*Finhackade nötter.* Sila bort det fina pulver som blir när man hackar nötter. Vissa nötter är finast om de skållas och skalas, t.ex. pistagenötter.

*Finhackade eller krossade polkagrisar eller hårda kolakarameller.* Sila bort "pulvret".

*Finhackad eller riven choklad*

*Kokosflingor*

*Lika delar strösocker och farinsocker*

*Florsocker*

## Kaffetryffel med kokos

ca 25 kulor

*200 g mörk choklad (60–70 % kakaohalt)*
*1 1/2 dl vispgrädde*
*2 tsk snabbkaffepulver*
*1 1/2 dl florsocker*
*25 g rumsvarmt smör*
*2 dl kokosflingor*

*florsocker eller kakao*
*ca 300 g vit choklad*
*mörk choklad*

Hacka chokladen. Lägg i en skål med grädden och värm över sjudande vattenbad tills all choklad har smält. Rör ner snabbkaffet. Ta skålen från värmen och blanda ner florsocker, smöret i små klickar och kokos. Låt svalna i rumstemperatur. Ställ sedan in tryffelsmeten i kylen och låt den stelna.

Doppa en klick av tryffeln i florsocker eller kakao så att den inte fastnar i händerna och rulla till en slät kula. Lägg kulorna på en plåt täckt med bakplåtspapper. Ställ in dem i frysen i ca 1 timme.

Smält vit choklad i en skål över sjudande vattenbad. Doppa tryffelkulorna i chokladen och lägg tillbaka på plåten med bakplåtspapper. Smält den mörka chokladen och dekorera kulorna.

## Chokladtryffel med crème fraîche

ca 40 praliner

*200 g mörk choklad (60–70 % kakaohalt)*
*50 g smör*
*1 1/2 dl crème fraîche*
*1 msk honung*

*små folieformar*

Smält choklad och smör i en skål över sjudande vattenbad. Rör sedan i crème fraîche och honung. Låt krämen svalna tills den är så pass tjock att man kan spritsa den.

Spritsa ut krämen i folieformarna. Låt stelna i kylen.

## Tryffel med fleur de sel

ca 30 kulor

*200 g mjölkchoklad*
*1 dl strösocker*
*2 msk vatten*
*1 dl vispgrädde*
*1 tsk fleur de sel eller flingsalt*

*kakao*
*ca 200 g mörk choklad*

Hacka mjölkchokladen.

Blanda socker och vatten i en tjockbottnad kastrull. Smält sockret över medelhög värme tills en karamellfärgad sirap bildas. Häll i grädden. Var försiktig då det bubblar till rejält. Om sirapen stelnar, låt blandningen sjuda i ytterligare några minuter tills allt har smält.

Häll blandningen över chokladen. Låt stå i några minuter utan att röra. Blanda försiktigt till en slät kräm. Låt tryffelkrämen svalna i rumstemperatur och rör sedan ner saltet. Ställ därefter in den i kylen tills den stelnar. Rör om då och då.

Doppa en klick av tryffeln i kakao så att den inte fastnar i händerna och rulla till en slät kula. Ställ in tryffelkulorna i frysen i ca 1 timme. Smält den mörka chokladen i en skål över sjudande vattenbad. Doppa tryffelkulorna i chokladen. Lägg dem på en plåt täckt med bakplåtspapper och låt stelna.

## Vit tryffel med grönt te

ca 25 kulor

*225 g vit choklad*
*1 dl vispgrädde*
*1 tsk grönt tepulver, matcha*

*florsocker*
*ca 50 g riven vit choklad*

Hacka chokladen fint och lägg i en bunke, häll över grädden och låt smälta över sjudande vattenbad. Tillsätt tepulvret och vispa till en slät smet. Låt den stelna i kylen.

Doppa en klick av tryffeln i florsocker så att den inte fastnar i händerna och rulla till en slät kula. Avsluta med att rulla tryffelkulorna i riven vit choklad.

## Krispig mjölkchokladtryffel

ca 25 kulor

*1/2 dl strösocker*
*1 1/2 dl rispuffar, Rice Krispies*

*1 dl vispgrädde*
*200 g mjölkchoklad*
*1 msk honung*
*50 g smör*

*kakao*
*ca 200 g mörk choklad*

Smörj en plåt.

Smält sockret i en kastrull. När allt socker har smält och fått karamellfärg tillsätt rispuffarna och rör om. Bred ut smeten på plåten för att stelna.

Koka upp grädde, mjölkchoklad och honung under omrörning. När all choklad har smält ta kastrullen från värmen och rör i smöret i små bitar. Blanda till en slät kräm. Låt svalna i rumstemperatur.

Hacka den stelnade smeten med rispuffar och rör ner i tryffelkrämen. Ställ in i kylskåpet och låt stelna. Ta med en liten sked en klick av krämen och doppa i kakao så att den inte fastnar i händerna och rulla till en slät kula. Lägg kulorna på en plåt, smord eller med bakplåtspapper. Ställ tryffelkulorna i frysen i minst 30 minuter.

Smält den mörka chokladen i en skål över sjudande vattenbad. Ta ut några kulor i taget och doppa dem, medan de fortfarande är iskalla, i chokladen. Låt överflödig choklad rinna av. Lägg tillbaka dem på plåten och låt stelna.

Tips! Ringla lite smält mjölkchoklad över kulorna som fin dekoration.

## Kardemummatryffel

ca 25 kulor

*225 g mörk choklad (60–70 % kakaohalt)*
*1 1/2 dl vispgrädde*
*1 tsk malen kardemumma*

*kakao eller florsocker*

Hacka chokladen fint och lägg i en bunke.

Koka upp grädde och kardemumma. Häll det över chokladen. Låt stå i några minuter utan att röra. Blanda sedan försiktigt till en slät kräm. Låt tryffelkrämen svalna i rumstemperatur. Ställ sedan in den i kylen. Rör om ungefär var femtonde minut. Efter ca 40 minuter kommer krämen att stelna snabbt så rör då om var tredje minut tills den är så pass fast att den går att forma.

Doppa en klick av tryffelkrämen i kakao eller florsocker så att den inte fastnar i händerna och rulla till en slät kula. Eller nyp ihop krämen till kulor.

Rulla kulorna i kakao eller florsocker och låt stelna i kylskåp.

## Messmörstryffel

ca 30 praliner

*250 g mörk choklad*
*1 1/2 dl vispgrädde*
*25 g osaltat smör*
*1 msk honung*
*1 dl messmör med kolasmak*

*ca 200 g mörk choklad*
*små silikon- eller mjuka isbitsformar*

Ställ ut folieformarna på en plåt.

Hacka chokladen fint och lägg i en bunke.

Koka upp grädde, smör, honung och messmör och rör tills allt har smält. Häll gräddblandningen över chokladen. Låt stå i någon minut. Rör sedan försiktigt tills all choklad har smält. Fördela smeten i formarna och ställ in dem i frysen i ca 2 timmar.

Smält den mörka chokladen över sjudande vattenbad. Ta ut några praliner i taget ur frysen. Tryck ut dem ur formarna och doppa i chokladen. Lägg dem på bakplåtspapper och ställ dem sedan kallt.

## Vit chokladtryffel med kanel och lingon

ca 25 kulor

*250 g vit choklad*
*3/4 dl vispgrädde*
*1/2 tsk malen kanel*
*1 dl frysta lingon*

*florsocker*
*ca 300 g vit choklad*

Hacka chokladen. Lägg i en skål med grädden, värm över sjudande vattenbad och rör tills all choklad har smält. Låt svalna i rumstemperatur. Blanda sedan i kanel och lingon.

Ställ in tryffelsmeten i kylen och låt den stelna. Doppa en klick av smeten i florsocker så att den inte fastnar i händerna och rulla till en slät kula. Lägg kulorna på en plåt täckt med bakplåtspapper. Ställ in tryffelkulorna i frysen i ca 1 timme.

Smält den andra angivna mängden vit choklad i en skål över sjudande vattenbad. Doppa tryffelkulorna i chokladen. Man kan eventuellt rulla kulorna i händerna. Lägg tillbaka dem på plåten och låt stelna. Förvara i kylskåpet.

## Kolapraliner med espressosmak

ca 20 praliner

*1 1/2 dl vispgrädde*
*1/2 dl strösocker*
*1/2 dl ljus sirap*
*1/2 dl krossade espressobönor*

*ca 150 g mörk choklad*
*chokladbönor*
*ca 20 små folieformar*

Koka upp grädde, socker och sirap i en tjockbottnad kastrull. Låt koka till en tjock kolakräm. Låt svalna.

Bryt under tiden chokladen i mindre bitar och smält i en skål över sjudande vattenbad. Pensla insidan av formarna med den smälta chokladen. Ställ chokladformarna kallt så att chokladen stelnar och pensla dem sedan ytterligare en gång med smält choklad. Ställ dem kallt. Chokladen som är kvar ska användas till locken.

Blanda ner de krossade espressobönorna i den kalla kolakrämen. Lägg krämen i en spritspåse och fyll chokladformarna till drygt hälften.

Smält eller värm chokladen i skålen på nytt och fyll en ren spritspåse. Spritsa ett lock på varje pralin eller använd en liten sked och bred ut lite choklad som lock. Dekorera med chokladbönor.

Låt stelna i kylen.

## Muskovadotryffel

ca 20 bitar

*175 g mörk choklad (60–70 % kakaohalt)*
*1 dl vispgrädde*
*3/4 dl mörkt muskovadosocker*
*2 msk smör*

*kakao*

Hacka chokladen fint och lägg i en bunke.

Koka upp grädde, socker och smör. Häll över chokladen. Låt stå i några minuter utan att röra. Blanda sedan försiktigt tills all choklad har smält. Låt tryffelkrämen svalna i rumstemperatur. Häll den i en form klädd med bakplåtspapper. Ställ sedan in den i kylen.

Skär tryffelmassan i bitar och vänd dem i kakao. Förvara dem svalt.

## Frysta piña colada-bollar

ca 20 bollar

*3 dl kokosflingor*
*1 dl finhackad torkad ananas*
*1/2 dl ljus sirap*
*2 dl kondenserad mjölk*
*2 tsk rom*
*5 dl florsocker*

*kokosflingor*

Blanda kokos med ananas. Häll i sirap och kondenserad mjölk och rör om. Tillsätt sedan rommen. Blanda i florsockret lite i taget under vispning med elvisp. Ställ in i kylen tills smeten stelnat lite.

Täck en plåt med bakplåtspapper. Forma den kalla massan till små bollar. Rulla bollarna i kokos. Lägg bollarna på plåten och ställ in i frysen i minst 1 timme.

## Rom- och pekannötsbollar

ca 30 bollar

*300 g småkakor med smak av choklad*
*2 msk rom*
*2 dl florsocker*
*2 msk kakao*
*4 msk ljus sirap*

*2 dl pekannötter*

Smula ner kakorna i en bunke. Häll över rommen, rör om och låt stå och dra i någon minut. Tillsätt resten av ingredienserna utom nötterna. Nyp med fingrarna ihop smeten tills den är väl blandad. Ställ in den i kylen en stund för att stelna lite.

Finhacka pekannötterna.

Ta ut smeten ur kylen. Rulla till små bollar som sedan rullas i pekannötterna. Låt bollarna stå i kylen minst 1 timme före servering.

## Anistryffel

ca 20 kulor

*175 g mörk choklad (60–70 % kakaohalt)*
*1–1 1/2 tsk hel anis*
*1 dl vispgrädde*
*3/4 dl mörkt muskovadosocker*
*2 msk smör*

*kakao*
*ca 150 g choklad*

Hacka chokladen fint och lägg i en bunke.

Stöt anis i en mortel.

Koka upp grädde, socker, smör och anis. Häll det över chokladen. Låt stå i några minuter utan att röra. Blanda sedan försiktigt tills all choklad har smält. Låt tryffelkrämen svalna i rumstemperatur. Ställ sedan in den i kylen. Rör om ungefär var femtonde minut. Efter ca 40 minuter kommer krämen att stelna snabbt så rör då om var tredje minut tills den är så pass fast att den går att forma.

Doppa en klick av tryffeln i kakao så att den inte fastnar i händerna och rulla till en slät kula. Lägg kulorna på en plåt täckt med bakplåtspapper. Ställ in i frysen i minst 30 minuter.

Smält chokladen och doppa kulorna och rulla dem eventuellt i händerna för en fin struktur.

## Saffranstryffel

ca 20 kulor

*200 g vit choklad*
*3/4 dl vispgrädde*
*1/2 kuvert saffran (1/4 g)*
*1 msk honung*
*25 g smör*
*1/2 tsk cognac*

*florsocker*

Hacka chokladen fint och lägg i en bunke.

Koka upp grädde, saffran, honung och smör. Häll gräddblandningen över chokladen. Låt stå i någon minut. Tillsätt cognac och vispa till en slät smet. Låt krämen stelna i kylen.

Doppa en klick av tryffeln i florsocker så att den inte fastnar i händerna och rulla till en slät kula. Det går även bra att nypa ihop tryffeln till en ojämn form för en mer hemgjord touch. Rulla kulorna i florsocker och lägg dem på en plåt, smord eller med bakplåtspapper. Ställ in tryfflarna i kylskåpet.

## Hasselnötspraliner

ca 20 praliner

*150 g mörk choklad (60–70 % kakaohalt)*
*100 g hasselnötskräm eller nutella*
*ca 70 g hasselnötter*

*ca 20 små folieformar*

Smält 75 g av chokladen i en skål över sjudande vattenbad. Pensla insidan av formarna med den smälta chokladen. Ställ kallt för att stelna och pensla sedan på ytterligare ett lager.

Rulla hasselnötskrämen till små kulor och tryck ner i chokladformarna eller spritsa i nutella. Fyllningen ska fylla drygt hälften av formarna.

Smält resten av chokladen. Spritsa eller använd en liten sked och täck pralinerna med ett lock av choklad. Tryck försiktigt fast en hasselnöt i varje pralin. Låt stelna.

Tips! Pröva att tillsätta lite Frangelico eller annan hasselnötslikör i hasselnötskrämen.

## Fudge

Detta är ett basrecept på fudge som sedan går att smaksätta på olika sätt. Vi ger tips på de allra godaste varianterna.

ca 20 rutor

*50 g smör*
*3 msk kakao*
*5 dl strösocker*
*2 dl mjölk*
*100 g mörk choklad (60–70 % kakaohalt)*
*2 msk ljus sirap*

Smörj en avlång form. Förbered ett kallt vattenbad genom att fylla diskhon med kallt vatten.

Blanda alla ingredienser i en tjockbottnad kastrull. Koka upp över låg värme under omrörning tills allt socker har lösts upp. Ta bort eventuellt socker på sidorna av kastrullen med en blöt pensel.

Öka värmen något och låt blandningen koka till 113 grader. Ta direkt bort kastrullen från värmen och doppa ner den i vattenbadet i ca 5 sekunder för att kokningen ska avstanna. Ställ kastrullen åt sidan och låt svalna till 49 grader.

Vispa fudgen kraftigt tills den börjar förlora sin glans, ca 10 minuter. Tryck med oljade fingrar ner fudgen jämnt i formen. Ställ in den i kylen tills den stelnar och skär den sedan i små rutor.

Tips! Tillsätt cocktailkörsbär, krossade polkagrisar eller nötter för att få ytterligare varianter.

## Ingefärs- och kokosfudge

ca 20 rutor

*5 dl strösocker*
*2 1/2 dl vispgrädde*
*2 msk smör*
*2 msk ljus sirap*
*3 tsk färsk riven ingefära*
*1 tsk vaniljsocker*
*1 1/2 dl kokosflingor*

Olja en avlång bakform.

Blanda alla ingredienser utom vaniljsocker och kokos i en tjockbottnad kastrull. Följ därefter basreceptet.

Tillsätt vaniljsocker och kokosflingor och vispa kraftigt tills fudgen börjar förlora sin glans, ca 10 minuter. Tryck med oljade fingrar ner fudgen jämnt i formen. Ställ in fudgen i kylen tills den stelnar. Skär den i bitar när den har stelnat helt.

## Cappuccinofudge

ca 20 rutor

*5 dl strösocker*
*2 1/2 dl vispgrädde*
*2 msk smör*
*2 msk ljus sirap*
*2 msk snabbkaffepulver*
*1 nypa salt*
*1 tsk vaniljsocker*

*150 g vit choklad*
*1/2 dl vispgrädde*
*1 tsk smör*

*mörk choklad*

Olja en avlång bakform.

Blanda den första gruppen ingredienser i en tjockbottnad kastrull. Följ därefter basreceptet.

Smält den vita chokladen i en skål över sjudande vattenbad tillsammans med grädden. Tillsätt smör i små bitar och rör sedan om försiktigt till en slät kräm. Låt svalna i rumstemperatur. Vispa sedan tills den tjocknar något. Bred ut krämen över fudgen. Dekorera med lite riven mörk choklad. Ställ in i kylen för att stelna. Skär den i rutor.

## Rocky road-fudge

När man gör denna fudge är det bäst att vara två personer som hjälps åt.

Förbered en sats fudge (se basreceptet på fudge), hälften med kakao och hälften utan kakao. När fudgen börjar stelna under vispningen, rör ner 1 dl hackade marshmallows och 1 dl hackade jordnötter. Varva de två sorterna i fyra lager i en form och ställ kallt. Skär sedan i rutor.

## Pudrade chokladfras

*100 g mörk choklad*
*5 dl havrefras*
*1 1/2 dl florsocker*

Smält chokladen i en skål över sjudande vattenbad. Rör ner havrefras och blanda försiktigt tills alla fras är täckta med choklad.

Häll florsockret i en plastpåse tillsammans med de chokladtäckta havrefrasen. Knyt igen påsen och skaka om ordentligt tills alla fras är täckta med florsocker. Skaka bort överflödigt florsocker genom att lägga dem i en sil.

## Mandelkonfekt

ca 24 bitar

*ca 24 torkade dadlar eller ca 48 hela valnötter eller pekannötter*
*ca 100 g mandelmassa*

Gör ett snitt i dadlarna utan att skära igenom helt och hållet och ta ut kärnorna. Bryt bitar av mandelmassan och rulla till små ovala bitar och tryck in i dadlarna eller lägg biten mellan två nötter och tryck ihop försiktigt.

Pröva gärna att tillsätta några droppar likör i mandelmassan. Det blir också extra fint och gott om man doppar halva frukten eller nöten i smält choklad.

## Chokladdoppad torkad frukt

*100 g mörk choklad, vit choklad eller mjölkchoklad*
*torkad frukt (t.ex. aprikos, papaya, mango, kiwi, ananas)*

Täck en plåt med bakplåtspapper.

Smält choklad i en skål över sjudande vattenbad.

Doppa frukten i chokladen med hjälp av två gafflar, låt överflödig choklad rinna av och lägg dem sedan direkt på plåten. Om den smälta chokladen hinner stelna innan all frukt är doppad så ställ skålen över vattenbadet i ytterligare några minuter.

Pröva också att även doppa den chokladtäckta frukten i finhackade nötter, kokos eller strössel.

## Rostade pistagenötter med kardemumma

*1 msk honung*
*1 msk strösocker*
*1/2 tsk malen kardemumma*
*1 msk vatten*
*1 1/2 dl skalade och orostade pistagenötter*

Sätt ugnen på 175 grader. Smörj en plåt eller långpanna.

Blanda alla ingredienser utom nötter i en tjockbottnad kastrull och koka upp. Tillsätt nötter och låt koka över medelhög värme i ca 2 minuter.

Bred ut smeten på plåten. Rosta nötterna gyllenbruna i ugnen i 8–10 minuter. Låt nötterna svalna och sära sedan på dem.

## Fransk nougat

Fransk nougat kan varieras på många sätt – man kan byta ut mandel mot exempelvis pistagenötter eller göra den helt nötfri. Det blir också väldigt gott och fint att blanda i cocktailkörsbär.

ca 20 bitar

*5 dl strösocker*
*1 dl vatten*
*50 g glukos*
*3 äggvitor*
*1 tsk vaniljsocker*
*2 msk rumsvarmt smör*
*2 dl skållad och hackad mandel*

*folie eller oblat*

Klä en ugnsform med folie och pensla den med olja. Eller klä en form med oblat.

Blanda socker, vatten och glukos i en tjockbottnad kastrull. Koka upp över låg värme tills allt socker har lösts upp. Ta bort eventuellt socker på sidorna av kastrullen med en blöt pensel.

Öka värmen något och låt blandningen puttra till 121 grader. Strax innan sockerlagen når 121 grader är det dags att börja vispa äggvitorna i en bunke till hårt skum. Ta ca 1 dl av sockerlagen och häll långsamt ner i äggvitorna under kraftig vispning. Vispa i ca 3 minuter.

Fortsätt att koka resten av sockerlagen tills termometern visar 149 grader. Häll långsamt ner sockerlagen i äggvitemassan under kraftig vispning. Vispa massan tills den svalnar och börjar bli styv, ca 15 minuter. Vispa i vaniljsocker och smör. Blanda till sist ner mandeln. Tryck med blöta fingrar ut smeten i formen. Täck med oljad folie eller oblat. Lägg på en tyngd som täcker hela formen och ställ in i kylen över natten.

Stjälp upp nougaten ur formen och skär den i bitar. Slå in bitarna i cellofan eller smörpapper.

## Tjong

ca 50 bitar

*3 dl strösocker*
*1 1/2 dl vispgrädde*
*1 1/2 dl ljus sirap*

*olja*

Olja en marmorskiva, bakplåt eller teflonväv. Olja dessutom in 2 metallstekspadar och en sax.

Blanda socker, grädde och sirap i en tjockbottnad kastrull och koka upp. Låt koka över hög värme till 150 grader. Häll karamellen över marmorskivan och låt den svalna något. Ta de oljade metallstekspadarna och vik in massans kanter mot mitten. Fortsätt tills massan har kallnat så pass att det går att hantera den med händerna. Ta upp massan och dra ut den till en lång korv. Vik ihop, snurra och dra ut den igen. Fortsätt att arbeta massan på detta sätt tills den börjar ljusna och stelnar något men fortfarande är glansig.

Dra ut den till en lång sträng och klipp av små bitar.

## Pepparkakstoffee

ca 40 bitar

*450 g farinsocker*
*1 1/2 dl kondenserad mjölk*
*75 g smör*
*1 msk vinäger*
*3/4 dl mörk sirap*
*3/4 dl ljus sirap*
*1/2 tsk malen kanel*
*1/2 tsk malen ingefära*
*1/4 tsk malen kryddnejlika*
*1/4 tsk malen kardemumma*

Olja en ugnsform (ca 20x30 cm).

Blanda farinsocker och kondenserad mjölk i en tjockbottnad kastrull. Smält sockret över låg värme under omrörning. Tillsätt övriga ingredienser och låt sjuda till 132 grader. Ta bort eventuellt socker på sidorna av kastrullen med en blöt pensel.

Häll upp i formen. Markera rutor med en kniv när toffeesmeten har stelnat något. Låt stelna helt och bryt sönder i bitar. Slå in toffeebitarna i cellofan eller smörpapper.

## Klassisk kola

ca 40 kolor

*100 g smör*
*1 1/2 dl strösocker*
*1 1/2 dl ljus sirap*
*4 msk kakao*
*1 tsk vaniljsocker*

Olja en avlång bakform.

Blanda alla ingredienser förutom vaniljsocker i en kastrull. Koka upp och låt sedan sjuda över medelstark värme till 125 grader. Ta av från värmen och tillsätt vaniljsocker.

Häll upp kolasmeten i formen och låt stelna. Klipp eller skär kolan i små munsbitar. Vira in kolorna i smörpapper eller cellofan.

## Änglakola

ca 40 kolor

*2 dl vispgrädde*
*1/2 dl ljus sirap*
*1/2 dl strösocker*
*50 g smör*
*1 tsk vaniljsocker*

Olja en avlång bakform.

Blanda alla ingredienser förutom vaniljsocker i en kastrull. Koka upp och låt sedan sjuda över medelstark värme till 125 grader. Ta av från värmen och tillsätt vaniljsocker.

Häll upp kolasmeten i formen och låt stelna. Klipp eller skär sedan kolan i små munsbitar. Vira in kolorna i smörpapper och klistra på ett änglabokmärke.

## Chokladdoppade marshmallows

Dessa klubbor är en favorit bland barn – att både göra och äta!

20 klubbor

*20 marshmallows*
*20 träpinnar (ca 10 cm långa)*
*ca 300 g mörk choklad*

*strössel eller finhackade nötter*

*oasis*

Trä en marshmallow på varje träpinne.

Smält chokladen i en skål över sjudande vattenbad. Låt chokladen svalna något.

Doppa en marshmallow i taget i chokladen. Låt överflödig choklad rinna av. Strö över strössel eller nötter. Ställ pinnarna i en bit oasis och låt stelna.

## Chokladfyllda skedar

Doppa den fyllda skeden i en caffellatte och rör om! Ett tips är att köpa ett gäng fina latteskedar, fylla dem efter instruktionerna nedan, slå in i cellofan, knyta en vacker rosett runt och ge bort i present!

*ca 5 g choklad per sked*
*smaksättning (t.ex. stött kardemumma, malen kanel, rivet apelsinskal, rom, finhackade nötter, krossade polkagrisar eller mandelessens)*

Smält chokladen i en skål över sjudande vattenbad. Blanda i önskad smaksättning. Smaka av. Droppa chokladsmeten i skedarna, låt stelna och servera. Dekorera efter behag.

## Nöt- och chokladgodis

ca 60 praliner

*3 dl kokosflingor*
*3 dl valfria hackade nötter*
*400 g mörk choklad (60–70 % kakaohalt)*

*kokosflingor*

*små folieformar eller knäckformar*

Sätt ugnen på 175 grader. Rosta kokosflingor och nötter i ugnen tills de fått en fin gyllenbrun färg. Rör om flera gånger så att kokosen inte bränns.

Smält chokladen i en skål över sjudande vattenbad.

Blanda ihop alla ingredienser i en skål. Ta en liten sked och fyll små folieformar med nöt- och chokladsmeten. Strö lite kokos över pralinerna.

Ställ i kylen för att stelna.

## Chokladdoppad mandelkrokant

ca 20 bitar

*50 g smör*
*1 1/2 dl strösocker*
*1/2 dl ljus sirap*
*1/2 dl skållad och hackad mandel*

*200 g mjölkchoklad*

Smörj en bakplåt.

Smält smöret över låg värme i en tjockbottnad kastrull. Tillsätt socker och sirap och höj värmen en aning och låt koka till 141 grader. Tillsätt mandeln och rör om med en träsked.

Häll upp massan på plåten och bred ut den med en oljad metallstekspade. Klipp eller skär karamellmassan i mindre bitar innan den stelnar helt. Lägg tillbaka bitarna på plåten och låt stelna.

Smält choklad i en skål över sjudande vattenbad. Doppa karamellbitarna i chokladen. Låt överflödig choklad rinna av och lägg dem sedan på den smorda plåten.

## Trillingnöt

Att göra dessa är ett enkelt sätt att imponera på dig själv och andra. De blir lika goda – om inte godare – än de i den kända chokladasken.

ca 35 praliner

*ca 100 g hasselnötskärnor*
*200 g mjölkchoklad*

*mjölkchoklad*

Sätt ugnen på 175 grader. Rosta nötterna tills de fått färg. Lägg de varma nötterna i en kökshandduk och gnugga försiktigt bort skalet.

Smält hälften av mjölkchokladen i en skål över sjudande vattenbad. Rör ner hasselnötterna. Ta upp nötterna och lägg dem tre och tre på en plåt med bakplåtspapper. Låt dem stelna. Smält sedan resten av mjölkchokladen och doppa trillingnötterna ytterligare en gång. Låt stelna. Dekorera genom att spritsa över smält choklad.

## Mias fikonbollar

15–20 bollar

*300 g torkade fikon eller urkärnade dadlar,*
*aprikoser eller äpple*
*1/2 dl rostade solroskärnor*
*ca 1 msk honung*

*kokosflingor eller hackade nötter*

Kör den torkade frukten i mixer eller matberedare. Tillsätt solroskärnor och honung och mixa till en jämn massa. Tillsätt eventuellt mer honung om massan verkar torr. Forma små bollar och rulla i kokosflingor eller hackade nötter.

## Lollipops

ca 12 klubbor

*3 dl strösocker*
*1 dl ljus sirap*
*1 dl vatten*

*några droppar karamellfärg*
*några droppar arom/smaksättning*

*träpinnar*

Olja en bakplåt.

Blanda socker, sirap och vatten i en tjockbottnad kastrull. Koka upp över låg värme tills allt socker har lösts upp. Ta bort eventuellt socker på sidorna av kastrullen med en blöt pensel.

Öka värmen något och låt blandningen koka till 145 grader.

Blanda försiktigt i färg och smaksättning. Klicka ut små rundlar på plåten med en sked. Tryck ner en träpinne i varje rundel. Låt stelna och vira sedan in klubborna i cellofanpapper eller smörpapper.

## Kristallkaramell

Detta är ett populärt, gammaldags amerikanskt godis som kallas rock candy. Det tar en hel vecka innan karamellen är färdig, och det är fascinerande, speciellt för barn, att se hur sockerkristallerna under denna tid bildas.

1 klubba

*5 dl strösocker*
*1 1/2 dl vatten*
*några droppar karamellfärg (valfritt)*
*några droppar arom/smaksättning (valfritt)*

*1 rak glasburk*
*1 blompinne eller penna*
*bomullssnöre eller träpinne*

Blanda socker och vatten i en kastrull och koka upp tills allt socker har lösts upp. Blanda i färg och arom om så önskas. Häll ner sockerlagen i burken.

Knyt bomullssnöret om en pinne eller penna. Lägg pinnen över burköppningen. Snöret ska hänga ner i sockerlagen, ca 1 1/2 cm från botten. Alternativt knyter man fast en träpinne i pennan så att den hänger ner i burken på samma sätt som snöret.

Ställ undan burken på en skyddad och varm plats. När sockerlagen har svalnat, täck den lätt med lite plastfolie så att inte damm hamnar i burken. Låt den stå orörd i minst 1 vecka. När sockerlagen har stelnat och krympt en del genom att vattnet har dunstat är det dags att ta ut kristallkaramellen eller klubban ur burken.

## Kanderade äpplen

6 äppelklubbor

*6 äpplen*
*6 träpinnar eller glasspinnar*

*5 dl strösocker*
*2 1/2 dl vatten*
*2 dl ljus sirap*
*1 kanelstång*
*några droppar röd eller grön karamellfärg*

Skölj och torka äpplena noggrant. Ta bort stjälken. Tryck ner en träpinne djupt i varje äpple där stjälken har suttit.

Pensla ett bakplåtspapper med lite olja och lägg det på en plåt.

Blanda socker, vatten, sirap och kanelstång i en liten tjockbottnad kastrull. Koka över medelhög värme till 154 grader. Ta av från värmen. Fiska upp kanelstången och tillsätt eventuellt några droppar karamellfärg.

Doppa ett äpple i taget i sockerlagen. Om man vickar på kastrullen lite grann blir det enklare att doppa äpplet och få det helt täckt av sockerlag. Låt överflödig sockerlag rinna av och ställ sedan äpplet på plåten. Låt äpplena svalna och stelna.

## Vit choklad med nötter, kokos och frukt

Detta godis är så himla gott att vi i sista minuten dubblade receptet!

ca 30 bitar

*400 g vit choklad*
*2 dl rostade cashewnötter*
*2 dl kokosflingor*
*2 dl hackad torkad ananas eller mango*
*2 dl rostade solroskärnor*

Smält chokladen i en skål över sjudande vattenbad. Rör ihop med övriga ingredienser och bred snabbt ut smeten på en oljad bakplåt. Låt stelna och bryt sedan i bitar.

## Pan pepato

ca 30 bitar

*1 1/2 dl sötmandel*
*1 1/2 dl hasselnötter*
*1 1/4 dl pinjenötter*
*150 g mjölkchoklad*
*4 tsk malen kanel*
*2 tsk riven muskot*
*1/4 tsk svartpeppar*
*1 1/2 dl sultanrussin*
*2 dl honung*
*1–2 dl vetemjöl*

Sätt ugnen på 175 grader.

Grovhacka mandel, nötter och choklad. Rör ihop dem tillsammans med kryddor och sultanrussin.

Värm honungen och häll den över blandningen och rör snabbt ihop till en smet.

Rör försiktigt i vetemjölet lite åt gången tills nöt- och chokladsmeten är tillräcklig tjock att forma.

Klicka ut degen på en plåt med bakplåtspapper. Grädda i ugnen i 10–12 minuter. Låt svalna.

## Chokladbräck med polkagrisar

ca 20 bitar

*200 g mörk choklad*
*2 tsk matolja*
*250 g vit choklad*
*ca 1/2 dl polkagrisar*

Klä en plåt med foliepapper.

Smält den mörka chokladen i en skål över sjudande vattenbad. Blanda i 1 tsk olja och rör om. Häll över den smälta chokladen över plåten. Vicka lite på plåten så att chokladen rinner ut till ett jämnt lager, ca 3 mm tjockt.

Ställ in plåten i kylen så att chokladen stelnar.

Krossa polkagrisarna i en mortel.

Smält den vita chokladen i en skål över sjudande vattenbad. Blanda i 1 tsk olja och rör om. Häll den vita chokladen över den mörka chokladen på plåten och vicka på plåten så att den vita chokladen rinner ut och täcker den mörka.

Strö över de krossade polkagrisarna. Ställ in plåten i kylen så att chokladen stelnar. Bryt sedan chokladen i bitar.

## Popcornsbollar med tranbär och cashewnötter

ca 30 bollar

*1 msk smör*
*ca 15 marshmallows (ca 100 g)*
*1/2–1 dl hackade torkade tranbär*
*1/2–1 dl hackade cashewnötter*
*1 liter osaltade popcorn (ca 1/2 dl majskorn)*

Smält smör och marshmallows i en tjockbottnad kastrull över låg värme. Rör om hela tiden tills alla marshmallows har smält. Tillsätt sedan tranbär och cashewnötter. Rör om. Blanda till slut i popcornen. Rör om försiktigt tills alla popcorn är täckta av marshmallowsmeten. Låt svalna några minuter. Smörj fingrarna med lite smör och rulla popcornssmeten till små bollar. Lägg på en plåt som är smord eller täckt med bakplåtspapper. Låt svalna helt.

## Gelégodis

ca 20 bitar

*6 gelatinblad*
*50 g glukos*
*1 dl strösocker*
*2 1/2 dl vatten*

*6–7 droppar flytande arom/smaksättning (t.ex. hallon)*
*några droppar karamellfärg*

*strösocker*
*citronsyra*

*silikonformar för godis eller mjuka isbitsformar*

Olja in formarna. Lägg gelatinbladen i en skål med kallt vatten.

Blanda glukos, socker och vatten i en tjockbottnad kastrull. Koka över medelhög värme till 122 grader.

Värm under tiden de urkramade gelatinbladen med ca 2 msk vatten långsamt i en kastrull och rör försiktigt tills gelatinet är helt upplöst. Observera att gelatinet absolut inte får koka.

Ta sockerlagen från värmen och blanda i det smälta gelatinet, aromen samt några droppar färg. Låt temperaturen sjunka till ca 70 grader. Fyll sedan formarna med massan.

Låt svalna och stelna i rumstemperatur över natten. Rulla sedan gelébitarna i strösocker. Gillar du sura godisbitar kan du blanda lite citronsyra i sockret som du rullar bitarna i. Eller strunta i socker och stryk i stället lite matolja på gelébitarna så klibbar de inte.

## Polkagrisar

Det är mycket enklare men framför allt mycket roligare att vara två när man gör polkagrisar.

ca 50 karameller

*5 1/2 dl strösocker*
*2 dl vatten*
*1/2 msk ättiksprit*
*några droppar röd karamellfärg*
*ca 15 droppar pepparmyntsolja*

*matolja*

Olja en marmorskiva, bakplåt eller teflonväv. Olja dessutom in två metallstekspadar, gummihandskar och en sax.

Blanda socker och vatten i en tjockbottnad kastrull och koka upp. Tillsätt ättiksspriten. Fortsätt koka över hög värme till 150 grader. Häll ut sockerlagen på marmorskivan, men lämna ca 1 dl kvar i kastrullen. Färga sockerlagen som är kvar i kastrullen med några droppar röd färg. Vicka på kastrullen så att lagen blir jämnt färgad. Ställ kastrullen i en stekpanna med sjudande vatten så att den färgade lagen håller sig varm.

Droppa pepparmyntsolja på lagen som ligger på marmorskivan. Ta de oljade metallstekspadarna och vik in massans kanter mot mitten. Fortsätt tills massan har kallnat så pass att det går att hantera den med gummihandskklädda händer. Lyft upp massan och dra ut den till en lång korv. Vik ihop, snurra och dra ut den igen. Fortsätt att arbeta massan på detta sätt tills den börjar vitna och stelna något men fortfarande är glansig.

Om man är två kan den andra personen börja bearbeta den röda massan på samma sätt.

Forma den vita massan till två tjocka rullar. Forma den röda massan till två tunna strängar. Lägg de röda strängarna på de vita rullarna. Vrid massan och dra ut den till långa korvar och klipp av små polkagrisar. Eller klipp av 10 cm långa bitar och vrid sedan toppen på bitarna så att de ser ut som små käppar.

Är man riktigt avancerad kan man även färga en del av massan grön och på så sätt få trefärgade polkagrisar.

## Mintkyssar

ca 30 pastiller

*4 dl florsocker*
*1 dl vatten*
*1/2 tsk ättikssprit*
*ca 10 droppar pepparmyntsolja*

*ca 50 g mörk choklad*

Blanda socker, vatten och ättikssprit i en kastrull. Koka över medelhög värme till 115 grader.

Häll upp massan i en oljad skål och låt svalna i ca 10 minuter. Tillsätt pepparmyntsoljan och arbeta massan med en gaffel tills den börjar vitna. Sätt då skålen över en kastrull med sjudande vatten och fortsätt arbeta massan tills den blir helt vit och tjocknar.

Klicka eller spritsa ut massan på en plåt med bakplåtspapper. Låt stelna.

Smält choklad i en skål över sjudande vattenbad. Lägg en klick choklad på varje pepparmintspastill och låt stelna.

Alternativt kan man blanda lite blå karamellfärg i massan och spritsa ut den till små stjärnor eller snöflingor och dekorera med smält vit choklad.

## Knäck

ca 30 stycken

*1 dl vispgrädde*
*1 dl ljus sirap*
*1 dl strösocker*
*1/2–1 dl skållad och hackad sötmandel*

*knäckformar*

Placera ut knäckformarna på en bricka eller plåt.

Koka upp grädde, sirap och socker i en tjockbottnad kastrull. Låt puttra över medelhög värme. Rör om då och då. När knäckmassan har nått 122 grader, ta kastrullen från värmen. Blanda ner mandeln. Klicka ut knäckmassan i formarna och låt stelna.

## Aprikosjuveler

Dessa godbitar kräver lite tid och ett visst engagemang – eftersom man måste röra hela tiden så att inte smeten fastnar i botten av kastrullen. Vi brukar ha en bra bok i ena handen medan vi rör med den andra.

ca 30 bitar

*5 dl torkade aprikoser (ca 350 g)*
*5 dl vatten*
*7 dl strösocker*

*strösocker*

Olja en ugnsform.

Lägg aprikoserna och vattnet i en kastrull. Koka upp och låt sjuda i ca 10 minuter eller tills aprikoserna är mjuka.

Sila bort vattnet men spara 3 msk. Kör aprikoserna till puré i matberedare. Lägg över purén med det sparade vattnet samt socker i en tjockbottnad kastrull. Rör om. Värm sedan över medelhög värme till 108 grader. Rör om hela tiden så att massan inte fastnar i botten.

Häll ut massan i formen och bred ut den med en oljad stekspade. Låt stelna i ca 4 timmar. Skär den sedan i små rektangulära bitar. Rulla bitarna till äggformade kulor med oljade fingrar, eftersom godiset fortfarande är väldigt kladdigt. Rulla dem eventuellt i socker. Slå in juvelerna i cellofan.

## Kanderade citrusskal

*1 apelsin*
*1 citron*
*1 grapefrukt*
*5 dl strösocker*
*2 1/2 dl vatten*

*2 dl strösocker*
*1 tsk citronsyra*

Skär apelsinen mitt itu. Skär med en vass kniv ca 1 cm ner mellan fruktköttet och skalet hela vägen runt apelsinhalvorna. Dra sedan ut allt fruktkött. Gör likadant med citronen och grapefrukten. Fruktköttet kan användas i en fruktsallad, t.ex. Victors heta fruktsallad på s. 103.

Fyll en kastrull med vatten. Lägg ner skalen. Koka upp och låt sedan sjuda i 20 minuter. Häll av vattnet. Gröp ur allt det vita ur skalen med ett kuljärn eller en liten sked. Försök få bort så mycket som möjligt men var försiktig så att skalet inte går sönder. Lägg ner grapefruktskalen i nytt kokande vatten och låt sjuda i ytterligare 20 minuter. Skrapa sedan ur det resterande vita ut grapefruktskalen.

Skär skalen i långa remsor.

Koka upp socker och vatten tills allt socker har lösts upp. Lägg i skalen och låt koka över svag värme i ca 20 minuter eller tills skalen är lätt genomskinliga och sockerlagen tjocknat till en sirap. Ta kastrullen från värmen och låt svalna helt. Sila av sirapen. Den kan serveras som sås till glass eller frukt.

Blanda strösocker och citronsyra i en påse. Lägg ner skalremsorna, knyt igen påsen och skaka om så att alla skal täcks av sockret. Lägg ut skalen för att torka på en plåt täckt med bakplåtspapper.

För att få en mer "julig" smak kan man tillsätta några kryddnejlikor i sockerlagen när skalen kokas och utesluta citronsyran.

## Mördegskakor

ca 50 kakor

*5 dl vetemjöl*
*1 dl strösocker*
*200 g kylskåpskallt smör*
*1 äggula*

Kör mjöl, socker och smör i en matberedare eller hacka ihop dem direkt på ett bakbord. Tillsätt äggulan och arbeta till en smidig deg. Överarbeta inte degen. Ställ in i kylskåpet i minst 1 timme.

Sätt ugnen på 200 grader.

Kavla ut degen på ett mjölat bord. Stansa ut kakor med runda mått. Lägg kakorna på en plåt, smord eller med bakplåtspapper. Grädda i ugnen i 8–10 minuter.

Låt kakorna svalna något på plåten. Lägg sedan över dem på ett galler för att svalna helt.

## Mosaikkakor

Efter att ha stansat ut mördegskakorna och lagt dem på en plåt, smord eller med bakplåtspapper, ta ett mindre mått i önskad form och stansa ut ett litet "fönster" i varje kaka.

Krossa hårda karameller i olika färger.

Grädda kakorna i ugnen i ca 5 minuter, ta ut kakorna och fyll fönstret med krossade karameller. Ställ in i ugnen igen och grädda i ytterligare några minuter tills kakorna är gyllenbruna och karamellerna har smält och fyllt ut hela fönstret. Se noga till att kakorna eller karamellen inte bränns.

Låt kakorna ligga kvar på plåten tills karamellen har stelnat. Lägg över dem på ett galler för att svalna helt.

## Pastellkakor

Blanda strösocker och några droppar karamellfärg i en liten plastpåse. Knyt igen och skaka påsen tills allt socker har fått färg. Pröva att blanda olika färger och mängden färg för att få olika nyanser på sockret.

Efter att ha stansat ut mördegskakorna och lagt ut dem på en plåt, smord eller med bakplåtspapper, ta olika köksredskap med "mönster" i sig som hålslev, stekspade och liknande och använd som schablon. Lägg schablonen över kakan och strö på det färgade sockret. Grädda som vanligt.

## Earl Grey-kakor

ca 20 kakor

*5 tsk teblad, Earl Grey*
*2 dl kokande vatten*
*1 dl ljust muskovadosocker*
*1 dl strösocker*
*75 g smör*
*1 ägg*
*1 tsk vaniljsocker*
*2 dl vetemjöl*
*en nypa salt*

Sätt ugnen på 175 grader.

Blanda 1 tsk teblad i det kokande vattnet. Låt dra i ca 5 minuter. Sila bort tebladen och ställ teet i kylskåpet.

Kör resterande teblad tillsammans med muskovadosocker i en matberedare till ett fint pulver.

Blanda pulvret med strösocker och smör. Rör poröst. Tillsätt ägg, vaniljsocker och 3 matskedar av det kalla teet och blanda till en slät smet. Rör sedan ner mjöl och salt.

Klicka med en matsked ut smeten på en plåt, smord eller med bakplåtspapper. Tänk på att kakorna flyter ut så lägg dem inte för tätt.

Grädda kakorna i 7–9 minuter. Låt kakorna svalna i några minuter på plåten. Lägg sedan försiktigt över dem på ett galler för att svalna helt.

## Gingersnaps

ca 20 kakor

*2 1/2 dl farinsocker*
*125 g rumsvarmt smör eller margarin*
*1/2 dl mörk sirap*
*1 ägg*
*5 1/2 dl vetemjöl*
*2 tsk bikarbonat*
*1 tsk malen kanel*
*1 tsk malen ingefära*
*1/2 tsk malen kryddnejlika*
*1 nypa salt*

*1/2 dl strösocker*

Rör socker och smör poröst. Tillsätt sirap och ägg. Blanda de torra ingredienserna och rör ner dem i smeten. Blanda ihop till en slät deg. Kyl i minst 1 timme.

Sätt ugnen på 200 grader.

Lägg strösocker på en tallrik. Rulla degen till bollar. Rulla bollarna i sockret och lägg dem på en plåt, smord eller med bakplåtspapper.

Grädda i ugnen i ca 10 minuter. Låt kakorna svalna något på plåten. Lägg sedan över dem på ett galler för att svalna helt.

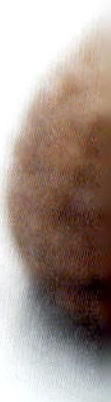

## Mandelkakor med lemon curd

ca 24 kakor

*200 g rumsvarmt smör eller margarin*
*1 dl farinsocker*
*2 äggulor*
*5 dl vetemjöl*
*1 tsk vaniljsocker*
*1/2 tsk salt*
*1 äggvita*
*2 dl finhackad sötmandel*
*lemon curd eller hallonsylt*

Sätt ugnen på 175 grader.

Rör smör och socker poröst. Tillsätt äggulorna. Blanda mjöl, vaniljsocker och salt. Rör ner i smeten och blanda till en slät deg.

Vispa äggvitan i en skål. Lägg hackad mandel i en annan skål. Forma degen till bollar och doppa dem först i äggvitan och sedan i mandeln. Lägg bollarna på en plåt, smord eller med bakplåtspapper. Gör med tummen försiktigt en liten grop i varje boll där sedan fyllningen ska vara.

Grädda kakorna i 12–15 minuter eller tills de blivit gyllenbruna. Ta ut ur ugnen och tryck till gropen ytterligare en gång. Lägg kakorna på ett galler och fyll gropen med lemon curd eller sylt. Låt kakorna svalna helt.

## Fikonstjärnor

ca 30 kakor

*3 dl vetemjöl*
*150 g kylskåpskallt smör*
*3 msk vatten*

*fikonmarmelad eller annan marmelad*
*1 ägg*
*pärlsocker*

Kör vetemjöl och smör snabbt i en matberedare. Tillsätt vatten och arbeta till en smidig deg. Överarbeta inte degen. Ställ in degen i kylen i ca 1 timme.

Sätt ugnen på 200 grader.

Dela degen mitt itu. Lägg tillbaka den ena delen i kylen så att den håller sig kall. Kavla ut degen på ett mjölat bakbord till en tunn rektangulär platta. Sporra ut fyrkanter, ca 6x6 cm. Sporra ett jack i varje hörn. Lägg ut fyrkanterna på en plåt, smord eller med bakplåtspapper. Kavla ut resten av degen på samma sätt.

Lägg en klick marmelad i mitten på varje platta. Vik upp varannan liten flik mot mitten så att en stjärna bildas.

Pensla med uppvispat ägg och strö över pärlsocker.

Grädda i 10–12 minuter tills kakorna fått lite färg. Låt svalna på ett galler.

## Körsbärssurpris

ca 30 bollar

*200 g rumsvarmt smör eller margarin*
*2 dl florsocker*
*5 1/2 dl vetemjöl*
*2 tsk vaniljsocker*
*2 tsk vatten*
*ca 100 g cocktailkörsbär*

*2 dl flagad mandel*
*ca 100 g mörk choklad*

Sätt ugnen på 175 grader.

Rör smör och florsocker poröst.

Blanda vetemjöl och vaniljsocker och rör ner i smörblandningen tillsammans med vattnet till en slät deg.

Ta körsbären, ett och ett, och rulla in i lite deg. Se till att degen täcker hela bäret. Lägg dem på en plåt, smord eller med bakplåtspapper.

Grädda i ugnen i 20 minuter. Lägg försiktigt över dem på ett galler och låt svalna helt.

Rosta den flagade mandeln i ugnen tills den fått en fin gyllenbrun färg. Var försiktig så att den inte bränns. Låt svalna.

Smält chokladen över sjudande vattenbad. Finhacka den rostade mandeln.

Doppa halva bollen i chokladen och sedan i mandeln. Lägg dem på en plåt med bakplåtspapper.

## Kakor med fikon, valnötter och choklad

ca 24 kakor

*100 g rumsvarmt smör eller margarin*
*1 dl strösocker*
*2 1/2 dl farinsocker*
*2 ägg*
*150 g philadelphiaost eller annan cream cheese*
*7 dl vetemjöl*
*1/2 tsk bikarbonat*
*1/2 tsk salt*
*1 tsk vaniljsocker*
*2 dl hackade torkade fikon*
*3 dl hackade valnötter*
*100 g hackad mörk choklad*

Sätt ugnen på 175 grader.

Rör smör, socker och farinsocker. Rör i äggen, ett i taget. Blanda i cream cheese.

Blanda mjöl, bikarbonat, salt och vaniljsocker. Rör ihop med äggblandningen till en jämn smet. Tillsätt fikon, valnötter och hackad choklad.

Klicka ut smeten på en plåt, smord eller med bakplåtspapper.

Grädda i ugnen i 10–12 minuter. Låt kakorna svalna något på plåten. Lägg sedan över dem på ett galler för att svalna helt.

## Kakor med M-godis

ca 24 kakor

*125 g rumsvarmt smör eller margarin*
*1 dl strösocker*
*2 1/2 dl farinsocker*
*2 ägg*
*3 msk mörk sirap*
*1 msk grädde eller mjölk*
*7 dl vetemjöl*
*1 tsk bakpulver*
*1/2 tsk bikarbonat*
*1 tsk vaniljsocker*
*1 tsk salt*
*3–4 dl M-godis, chokladdoppade jordnötter*

Sätt ugnen på 175 grader.

Rör smör, socker och farinsocker. Rör i äggen, ett i taget. Blanda i sirapen och grädden.

Blanda mjöl, bakpulver, bikarbonat, vaniljsocker och salt. Rör ner och blanda till en jämn smet. Blanda till sist i större delen av de chokladdoppade jordnötterna.

Klicka ut degen på en plåt, smord eller med bakplåtspapper. Dekorera kakorna med några M-kulor.

Grädda i ugnen i ca 12 minuter. Låt kakorna svalna något på plåten. Lägg sedan över dem på ett galler för att svalna helt.

## Kardemummakakor

ca 24 kakor

*200 g kylskåpskallt smör*
*5 dl vetemjöl*
*2 dl strösocker*
*2 tsk malen kardemumma*
*1/2 tsk salt*

*strösocker*

Sätt ugnen på 175 grader.

Mixa smör, vetemjöl, socker, kardemumma och salt i en matberedare till en smulig deg. Vira in i plastfolie och låt ligga i kylskåpet i minst 30 minuter.

Ta upp degen på ett mjölat bord, dela den i två bitar och kavla ut dem tunt till rundlar, ca 12 cm i diameter. Skär eller sporra rundlarna i tårtbitar och lägg dem på en plåt med bakplåtspapper. Pricka bitarna med en gaffel och nyp till den rundade kanten. Strö på lite strösocker. Grädda kakorna i 12–15 minuter. Låt kakorna svalna något på plåten. Lägg sedan över dem på ett galler för att svalna helt.

## Grahamskakor med kanelsocker

ca 40 kakor

*2 1/2 dl vetemjöl*
*2 1/2 dl grahamsmjöl*
*1 dl vetekli*
*1/2 dl farinsocker*
*1 tsk bakpulver*
*1/2 tsk bikarbonat*
*1 tsk malen kanel*
*150 g smör eller margarin*
*1 dl mjölk*
*1/2 dl flytande honung*

*3 msk strösocker*
*1/2 tsk malen kanel*

Sätt ugnen på 175 grader.

Blanda de torra ingredienserna. Tillsätt smöret i små bitar. Kör antingen i en matberedare till en smulig deg eller nyp ihop den för hand.

Vispa ihop mjölk och honung. Häll ner det i degen och arbeta snabbt ihop till en slät deg. Överarbeta inte degen. Ställ in i kylskåpet i minst 30 minuter.

Dela degen i 4 bitar. Kavla på en mjölad arbetsbänk ut degen till en tjocklek om ca 5 mm. Skär eller sporra i rutor, ca 5x5 cm. Lägg rutorna på en plåt, smord eller med bakplåtspapper.

Pricka kakorna med en gaffel. Blanda socker och kanel och strö över kakorna. Grädda i ugnen i ca 15 minuter eller tills kakorna blivit gyllenbruna. Låt kakorna svalna på ett galler.

## Kokoskakor med chokladkräm

10 stora eller 20 små kakor

*3 äggvitor*
*2 dl strösocker*
*7 dl kokosflingor*

Chokladkräm
*100 g mörk choklad (50–70 % kakaohalt)*
*1/2 dl vispgrädde*
*25 g smör*

Sätt ugnen på 175 grader.

Rör ihop äggvitor, socker och kokos. Rulla små eller lite större bollar och lägg ut på en plåt med bakplåtspapper. Platta ut bollarna till runda kakor. Grädda i ugnen i ca 10 minuter eller tills de fått en gyllenbrun färg.

Smält chokladen tillsammans med grädde och smör i en skål över sjudande vattenbad. Rör ihop till en slät kräm. Låt krämen svalna i rumstemperatur tills den tjocknat något. Bred lite fyllning på undersidan av en kaka. Tryck försiktigt ihop med en annan kaka. Kakorna är godast om de får stå en stund i kylskåpet.

## Saffranssnittar med choklad

ca 30 bitar

*1 kuvert saffran (1/2 g) + lite strösocker*
*1 msk grädde eller mjölk*
*3 msk strösocker*
*100 g smör eller margarin*
*2 1/2 dl vetemjöl*

*ca 100 g mörk choklad*

Glasyr
*2 dl florsocker*
*ca 1 msk vatten*

Stöt saffran med lite socker i en mortel och blanda med grädden. Rör socker och smör poröst. Blanda i saffran och vetemjöl och rör ihop till en smidig deg.

Lägg degen i kylskåpet i ett par timmar.

Sätt ugnen på 200 grader.

Rulla ut degen till 2 längder och lägg dem på en plåt, smord eller med bakplåtspapper. Gör en fördjupning längs med mitten på längderna. Grädda i ugnen i 10–12 minuter. Låt dem svalna.

Smält chokladen över sjudande vattenbad och spritsa den i fördjupningen och låt stelna. Rör ihop ingredienserna till glasyren och spritsa ut den på längderna.

Skär längderna i sneda bitar.

## Saffransbiscotti med apelsin

ca 40 skorpor

*100 g rumsvarmt smör eller margarin*
*2 dl strösocker*
*3 ägg*
*1 kuvert saffran (1/2 g) + lite strösocker*
*1 msk grädde eller mjölk*
*2 msk rivet apelsinskal*
*7–8 dl vetemjöl*
*3 tsk bakpulver*
*1 tsk vaniljsocker*
*1/2 tsk salt*

Sätt ugnen på 175 grader.

Rör smör och socker poröst. Tillsätt äggen, ett i taget. Stöt saffran med lite socker i en mortel och blanda med grädden. Rör ner saffran och apelsinskal i smeten.

Blanda de torra ingredienserna, tillsätt dem och rör smeten till en slät deg.

Rulla ut degen till 3 längder och lägg på en plåt, smord eller med bakplåtspapper. Grädda längderna i ca 15 minuter. Ta ut plåten ur ugnen och stäng av värmen.

Skär längderna på snedden i ca 2 cm breda bitar. Ställ tillbaka plåten i ugnen och låt bitarna stå i eftervärmen tills de är genomtorra och knapriga.

## Saffransdrömmar

ca 50 kakor

*1 kuvert saffran (1/2 g) + lite strösocker*
*1 msk grädde eller mjölk*
*200 g smör eller margarin*
*2 dl strösocker*
*2 tsk vaniljsocker*
*1/2 tsk hjorthornssalt*
*5 dl vetemjöl*

*skållade och skalade mandlar*

Sätt ugnen på 175 grader.

Stöt saffran med lite socker i en mortel och blanda med grädden.

Rör smör och socker poröst. Blanda i saffran. Blanda de torra ingredienserna, tillsätt dem och rör smeten till en slät deg.

Rulla degen till små bollar och lägg ut på en plåt, smord eller med bakplåtspapper. Tryck eventuellt ner en hel eller en halv mandel i varje kaka. Grädda i ugnen i ca 20 minuter. Låt kakorna svalna på ett galler.

## Havrekakor med choklad, nötter och kokos

Dessa kakor är så smarriga att man gärna vill dela med sig av receptet. Fyll en glasburk med de torra ingredienserna och skriv sedan ner receptet på ett fint papper och knyt fast med ett band. Det blir en garanterat uppskattad present!

ca 24 kakor

*200 g rumsvarmt smör eller margarin*
*1 dl strösocker*
*2 dl farinsocker*
*1 ägg*
*2 dl vetemjöl*
*1 tsk malen kanel*
*1 tsk vaniljsocker*
*1 krm salt*
*1/2 tsk bikarbonat*
*7 dl havregryn*
*1 dl hackad mörk choklad*
*1 dl hackade valfria nötter*
*2 dl kokosflingor*

Sätt ugnen på 175 grader.

Rör smör, socker och farinsocker poröst. Tillsätt ägget.

Blanda mjöl, kanel, vaniljsocker, salt och bikarbonat. Rör ihop med äggblandningen till en jämn smet. Tillsätt havregryn, choklad, nötter och kokos.

Klicka ut degen på en plåt, smord eller med bakplåtspapper.

Grädda kakorna mitt i ugnen i ca 15 minuter. Kakorna ska fortfarande vara mjuka när de tas ut ur ugnen.

Låt kakorna svalna något på plåten. Lägg sedan över dem på ett galler för att svalna helt.

Havrekakor

# Pepparkakor

ca 140 kakor

*2 1/2 dl farinsocker*
*3/4 dl ljus sirap*
*3/4 dl vatten*
*150 g rumsvarmt smör eller margarin*
*1 msk malen kanel*
*1 msk malen ingefära*
*1 tsk malen kryddnejlika*
*1 tsk malen kardemumma*
*1 1/2 tsk bikarbonat*
*7–8 dl vetemjöl*

Häll farinsocker, sirap och vatten i en kastrull och koka upp blandningen.

Blanda smör och kryddor. Lägg ner smöret i kastrullen och låt smälta. Låt sedan blandningen svalna utan att röra om.

Blanda bikarbonat med ca 6 dl mjöl. Rör ner i sirapsblandningen och blanda till en slät deg. Tillsätt mer mjöl efter behov. Täck degen med plastfolie och låt stå kallt i några timmar, helst till nästa dag.

Sätt ugnen på 175 grader.

Ta upp degen och knåda den smidig på en mjölad arbetsbänk. Kavla ut degen tunt. Ta ut kakor med mått i önskad form. Lägg dem på en plåt, smord eller med bakplåtspapper.

Grädda kakorna mitt i ugnen i 8–10 minuter. Låt dem sedan svalna på ett galler.

Garnera eventuellt med kristyr och strössel.

## Granolabiscotti

ca 30 skorpor

*75 g rumsvarmt smör eller margarin*
*2 dl farinsocker*
*2 ägg*
*4 dl vetemjöl*
*1 tsk bakpulver*
*1 tsk vaniljsocker*
*1 krm salt*
*5 dl Start naturell müsli*

Sätt ugnen på 175 grader.

Kör smör och socker i en matberedare. Tillsätt äggen, ett i taget.

Blanda de torra ingredienserna förutom müslin. Rör ner dem i smeten. Tillsätt sedan müslin och kör matberedaren helt kort. Müslin ska inte bli för finhackad.

Forma degen till 4 längder på 2 plåtar, smorda eller med bakplåtspapper. Tänk på att de flyter ut. Grädda längderna i ca 20 minuter. Ta ut längderna ur ugnen och skär dem på snedden i ca 2 cm breda bitar. Lägg bitarna på sidan på plåten och grädda i ytterligare ca 10 minuter. Låt svalna på ett galler.

## Pepparkaksbiscotti

ca 40 skorpor

*100 g rumsvarmt smör eller margarin*
*2 dl strösocker*
*3 ägg*
*7–8 dl vetemjöl*
*2 tsk malen ingefära*
*2 tsk malen kanel*
*1/2 tsk malen kryddnejlika*
*3 tsk bakpulver*
*1 tsk vaniljsocker*
*1/2 tsk salt*

Sätt ugnen på 175 grader.

Rör smör och socker poröst. Tillsätt äggen, ett i taget.

Blanda de torra ingredienserna, tillsätt dem och rör smeten till en slät deg.

Rulla ut degen till 3 längder och lägg på en plåt, smord eller med bakplåtspapper. Grädda längderna i ca 15 minuter. Ta ut plåten ur ugnen och stäng av värmen.

Skär längderna på snedden i ca 2 cm breda bitar. Ställ tillbaka plåten i ugnen och låt bitarna stå i eftervärmen tills de är genomtorra och knapriga.

## Lussebullar

ca 30 bullar

*50 g jäst*
*5 dl standardmjölk*
*150 g smör eller margarin*
*250 g kesella*
*1 1/2 dl strösocker*
*2 kuvert saffran (1 g)*
*1 tsk salt*
*ca 16 dl vetemjöl*
*russin*

*1 ägg*

Smula jästen i en bunke. Värm mjölk och smör till fingervarmt, 37 grader. Häll lite av degvätskan i bunken och rör tills all jäst har lösts upp. Tillsätt sedan resten av degvätskan.

Blanda i kesella, socker, saffran och salt. Tillsätt nästan allt mjöl och arbeta degen smidig och blank. Tillsätt mera mjöl efter behov. Låt jäsa övertäckt i ca 1 timme.

Ta upp degen på ett mjölat arbetsbord och knåda den i några minuter. Dela upp den i ca 30 bitar. Rulla ut bitarna till fingertjocka längder. Snurra in ändarna åt varsitt håll. Lägg dem sedan på en plåt, smord eller täckt med bakplåtspapper. Garnera med russin och låt jäsa övertäckta i ca 45 minuter eller till dubbel storlek.

Sätt ugnen på 225 grader.

Pensla bullarna med uppvispat ägg. Grädda mitt i ugnen i 5–8 minuter. Låt svalna på ett galler.

## Lussesnurror i form

Följ receptet på lussebullar fram till utbakningen. Ta upp den jästa degen på mjölat arbetsbord och knåda den i några minuter. Kavla ut degen till en rektangel, bred på rumsvarmt smör och strö över vaniljsocker. Rulla ihop degen från långsidan och skär rullen i jämna, breda bitar. Ställ dem i en smord rund form och låt dem jäsa övertäckta i ca 45 minuter. Pensla ytan med uppvispat ägg, strö över pärlsocker och grädda i ca 55 minuter. Lägg på folie om ytan får för mycket färg.

## Svärmor Karins saffranskaka med russin

*100 g smör eller margarin*
*2 ägg*
*3 dl strösocker*
*1 1/2 dl gräddfil*
*3 dl vetemjöl*
*2 tsk bakpulver*
*1 kuvert saffran (1/2 g)*

*1 1/2 dl russin*
*ca 1/2 dl vetemjöl*

*2 msk pärlsocker*

Sätt ugnen på 175 grader. Smörj och bröa en rund hålform.

Smält smöret och låt det svalna.

Vispa ägg och socker poröst. Tillsätt gräddfil och det smälta smöret.

Blanda de torra ingredienserna och rör ner dem i smeten.

Lägg russin och mjöl i en påse, knyt igen och skaka om så att alla russin täcks av mjöl. Vänd försiktigt ner russinen i smeten.

Häll smeten i formen. Strö över pärlsocker. Grädda kakan i ca 40 minuter. Kakan är färdig när den släpper från kanten och en provsticka är torr.

Låt kakan svalna i formen och stjälp sedan upp den på ett galler.

## Saftig päron- och lingonkaka

*100 g smör eller margarin*
*2 ägg*
*2 dl farinsocker*
*1 dl strösocker*
*4 dl vetemjöl*
*1 msk vaniljsocker*
*2 tsk malen kardemumma*
*1 tsk bikarbonat*
*1 dl filmjölk*
*1–2 dl lingon (färska eller frysta)*
*3 dl rivna päron (1–2 päron)*

Glasyr
*3 dl florsocker*
*1 tsk vaniljsocker*
*ca 3 msk vatten*
*1/2–2 dl lingon*

Sätt ugnen på 175 grader. Smörj och bröa en rund bakform.

Smält smöret. Vispa ägg och socker poröst. Blanda de torra ingredienserna och varva ner i smeten tillsammans med filmjölken. Rör i det smälta smöret. Blanda sedan ner lingon och päron.

Häll smeten i formen och grädda i 50–55 minuter. Kakan är färdig när den släpper från kanten och en provsticka är torr. Låt kakan svalna och stjälp sedan upp den.

Blanda florsocker, vaniljsocker och vatten till en tjockflytande glasyr. Bred eller ringla den över den kalla kakan och garnera med lingon.

## Kardemumma- och kaffekaka

*75 g rumsvarmt smör eller margarin*
*2 dl strösocker*
*3 ägg*
*2 1/2 dl vetemjöl*
*2 tsk bakpulver*
*1 krm salt*
*1 tsk malen kanel*
*2 tsk malen kardemumma*
*1/2 dl mjölk*
*1 dl kallt kaffe*

*florsocker*

Sätt ugnen på 175 grader. Smörj och bröa en rund bakform.

Rör smör och socker poröst. Tillsätt äggen, ett i taget. Blanda de torra ingredienserna och varva ner i smeten tillsammans med mjölken och kaffet. Blanda till en slät smet.

Häll smeten i formen och grädda i 40–45 minuter. Kakan är färdig när den släpper från kanten och en provsticka är torr.

Låt svalna något i formen och stjälp sedan upp den på galler och låt kallna.

Sikta över florsocker.

## Apelsinkaka med karamellsirap

*1 apelsin*
*2 1/2 dl strösocker*
*1 1/2 dl filmjölk*
*50 g rumsvarmt smör eller margarin*
*1 ägg*
*2 äggvitor*
*3 1/2 dl vetemjöl*
*1/2 tsk bakpulver*
*1/2 tsk bikarbonat*
*1 tsk vaniljsocker*
*1/2 tsk salt*

Sirap
*1/2 dl strösocker*
*2 msk vatten*
*färskpressad apelsin*

Sätt ugnen på 175 grader. Smörj och bröa en avlång bakform.

Skala apelsinen med en vass kniv och ta bara med det yttersta skalet. Undvik att få med det beska vita. Mixa apelsinskal och socker i en matberedare till en fin massa.

Pressa saften ur apelsinen. Blanda 1/2 dl av apelsinsaften med filmjölken. Spara resten av apelsinsaften till sirapen.

Rör smöret tillsammans med apelsinskals- och sockerblandningen. Tillsätt ägget och äggvitorna, lite i taget.

Blanda de torra ingredienserna och varva ner dem i smeten med filmjölken och apelsinsaften. Rör ihop till en slät smet.

Häll smeten i formen och grädda i 50–55 minuter. Kakan är färdig när den släpper från kanten och en provsticka är torr. Låt kakan svalna.

Häll socker och vatten till sirapen i en kastrull. Rör om och koka upp över medelhög värme. Låt sirapen småkoka i ett par minuter under lock tills sockret har lösts upp. Ta av locket och låt sjuda tills den får en gyllenbrun färg. Rör ner apelsinsaften. Sirapen kan stelna lite och låt den då småsjuda i ytterligare några minuter.

Pricka kakan med en gaffel eller liknande och häll över sirapen.

## Rödbetskaka med äpple och valnötter

*4 dl vetemjöl*
*3 dl strösocker*
*1/2 tsk salt*
*1 tsk bikarbonat*
*1 tsk vaniljsocker*
*1 msk malen kanel*
*1 1/2 dl raps- eller solrosolja*
*3 ägg*
*3 dl rivna rödbetor*
*3 dl rivna äpplen*
*2 dl hackade valnötter*

Glasyr
*200 g philadelphiaost eller annan cream cheese*
*2–3 dl florsocker*

Sätt ugnen på 175 grader. Smörj och bröa en rund bakform.

Blanda de torra ingredienserna. Rör i olja och ägg till en jämn smet. Tillsätt rödbetor, äpplen och valnötter.

Häll smeten i formen. Grädda kakan mitt i ugnen i 45–50 minuter. Kakan är färdig när den släpper från kanten och en provsticka är torr.

Låt kakan svalna något i formen. Stjälp sedan upp den på ett galler och låt den kallna under formen.

Blanda ingredienserna till glasyren och bred den över den kalla kakan.

## Pepparkakscheesecake

*ca 25 pepparkakor*
*75 g smält smör*

*800 g philadelphiaost eller annan cream cheese*
*2 1/2 dl strösocker*
*2 msk vetemjöl*
*2 tsk vaniljsocker*
*1/2 tsk salt*
*1 tsk malen kanel*
*1 tsk malen ingefära*
*1/2 tsk malen kryddnejlika*
*4 ägg*
*ca 10 pepparkakor*

Glasyr
*100 g philadelphiaost eller annan cream cheese*
*1 dl florsocker*

*några pepparkakor*

Sätt ugnen på 175 grader.

Kör ca 25 pepparkakor och smör i en matberedare. Tryck ut blandningen i botten på en bakform med löstagbar kant och kyl medan fyllningen görs.

Rör ihop cream cheese och socker. Blanda i vetemjöl, vaniljsocker, salt och kryddor och rör till en slät smet. Tillsätt äggen, ett i taget, under omrörning.

Häll hälften av smeten i formen. Grädda i 15–20 minuter eller tills kakan har stelnat något. Lägg försiktigt ut ca 10 pepparkakor och fyll på med resten av smeten. Grädda i ytterligare 35–40 minuter i nedre delen av ugnen.

Låt kakan kallna helt och lossa den försiktigt ur formen med en kniv. Kakan är godast om den får stå i kylen över natten.

Blanda ihop ingredienserna till glasyren. Bred den över kakan. Dekorera med pepparkakor.

## Chaibröd med banan

*100 g smör eller margarin*
*2 dl strösocker*
*2 ägg*
*2 bananer*
*1 dl gräddfil*
*1/2 dl starkt chai-te*
*4 dl vetemjöl*
*1 1/2 tsk bakpulver*
*1/2 tsk bikarbonat*
*1 tsk vaniljsocker*
*1 tsk malen kardemumma*
*1 tsk malen kanel*
*1 krm malen kryddnejlika*

Glasyr
*3 dl florsocker*
*ca 3 msk vatten*

Sätt ugnen på 175 grader. Smörj och bröa en avlång bakform.

Smält smöret och låt svalna. Vispa socker och ägg poröst och rör sedan i smöret.

Mosa bananerna och blanda ner i smeten tillsammans med gräddfil och kallt te.

Blanda de torra ingredienserna och rör ner i smeten.

Häll smeten i formen och grädda i ca 45 minuter. Kakan är färdig när den släpper från kanten och en provsticka är torr. Låt kakan svalna helt.

Blanda florsocker och vatten till en tjockflytande smet och bred glasyren över kakan.

Tips! Blanda hackade nötter, hackad torkad frukt och kokos och strö över.

## Klassisk mjuk pepparkaka

*100 g smör eller margarin*
*2 ägg*
*2 dl farinsocker*
*1 1/2 dl gräddfil*
*3 dl vetemjöl*
*1 tsk bikarbonat*
*1 tsk malen kanel*
*1 tsk malen ingefära*
*1 tsk malen kardemumma*
*1/2 tsk malen kryddnejlika*

Sätt ugnen på 175 grader. Smörj och bröa en avlång bakform. Smält smöret och låt svalna.

Vispa ägg och socker poröst. Tillsätt det smälta smöret och gräddfilen.

Blanda de torra ingredienserna och rör ner i smeten. Häll smeten i bakformen och grädda i ugnen i ca 45 minuter eller tills en sticka är torr.

Låt svalna.

## Mjuk pepparkaka med äppelmos och ananas

*2 1/2 dl strösocker*
*75 g smör eller margarin*
*3 dl äppelmos*
*1 dl krossad ananas*
*5 dl vetemjöl*
*2 tsk bikarbonat*
*2 tsk malen kanel*
*1 tsk malen ingefära*
*1/2 tsk malen kryddnejlika*

Sätt ugnen på 175 grader. Smörj och bröa en rund bakform.

Rör socker och smör poröst. Tillsätt äppelmos och ananas och rör om.

Blanda de torra ingredienserna och rör ner i smeten. Häll smeten i bakformen och grädda i ugnen i 40–45 minuter eller tills en sticka är torr.

Låt svalna.

## Choklad- och romkaka med rostad mandel

*200 g rumsvarmt smör eller margarin*
*3 dl strösocker*
*3 ägg*
*1 1/2 dl kakao*
*5 dl vetemjöl*
*1/2 tsk bakpulver*
*1 tsk vaniljsocker*
*1 tsk salt*
*2 dl vatten*
*1 dl mörk rom*
*2 dl flagad mandel + ca 1 dl för garnering*

Glasyr
*75 g smält smör eller margarin*
*2 msk kakao*
*2 tsk vaniljsocker*
*1 1/2–2 tsk rom*
*1 msk kallt kaffe eller espresso*
*3–3 1/2 dl florsocker*

Sätt ugnen på 175 grader. Smörj och bröa en rund bakform.

Rör smör och socker poröst. Tillsätt äggen, ett i taget.

Blanda de torra ingredienserna. Rör ner tillsammans med vatten och rom. Tillsätt 2 dl flagad mandel och rör ihop till en jämn smet.

Häll smeten i formen. Grädda kakan i 30–40 minuter. Kakan är färdig när den släpper från kanten och en provsticka är torr.

Låt kakan svalna något i formen. Stjälp upp den på galler och låt kallna.

Rosta 1 dl flagad mandel och låt svalna. Blanda ihop ingredienserna till glasyren och rör den krämig. Bred den över kakan och garnera med mandeln.

## Pepprig citron- och ingefärskaka

*125 g rumsvarmt smör eller margarin*
*2 1/2 dl strösocker*
*2 ägg*
*4 dl vetemjöl*
*1/2 tsk bikarbonat*
*1 tsk nymalen svartpeppar*
*1 tsk malen ingefära*
*1 krm salt*
*rivet skal av 1/2 citron*
*1 1/2 dl filmjölk*

Glasyr
*3 dl florsocker*
*1 tsk vaniljsocker*
*ca 3 msk vatten*

Sätt ugnen på 175 grader. Smörj och bröa en hålform som rymmer ca 2 liter.

Rör smör och socker poröst. Tillsätt äggen, ett i taget.

Blanda de torra ingredienserna och citronskal. Varva ner i smeten tillsammans med filmjölken.

Häll smeten i formen och grädda mitt i ugnen i ca 40 minuter. Kakan är färdig när en provsticka är torr. Låt svalna något i formen. Stjälp sedan upp den på ett galler och låt svalna.

Blanda ingredienserna till glasyren till en tjockflytande smet. Ringla glasyren över kakan.

## Havrerutor med dadlar, lingon och valnötter

ca 20 rutor

*5 dl grovhackade dadlar (ca 300 g)*
*1/2 dl strösocker*
*2 dl vatten*
*1 dl hackade valnötter*
*1 dl rårörda lingon*

Smuldeg
*2 dl farinsocker*
*4 dl vetemjöl*
*1/2 tsk bikarbonat*
*1 tsk salt*
*3 1/2 dl havregryn*
*125 g kylskåpskallt smör*

Sätt ugnen på 200 grader. Smörj en ugnsform (20x30 cm).

Koka dadlar, socker och vatten under omrörning i ca 15 minuter tills det tjocknar. Låt svalna helt. Rör i valnötter och lingon.

Blanda de torra ingredienserna till degen i en matberedare. Mixa i smöret lite i taget till en smulig deg.

Tryck ut hälften av smuldegen i botten på formen. Ställ den kallt en liten stund. Bred ut fyllningen jämnt över degen och strö sedan över resterande smuldeg.

Grädda i ugnen i 25–30 minuter. Låt svalna helt och skär i rutor.

## Romrutor med karamell

ca 20 rutor

*ca 20 digestivekex*
*150 g smält smör*
*1 tsk malen kanel*
*1/2 tsk riven muskot*

*400 g philadelphiaost eller annan cream cheese*
*1 dl strösocker*
*2 msk vetemjöl*
*1 tsk vaniljsocker*
*1/2 tsk salt*
*1 ägg*
*1 äggula*
*2–3 msk mörk rom*
*1/2 dl vispgrädde*

*1 dl strösocker*

Sätt ugnen på 175 grader.

Lägg aluminiumfolie i botten på en ugnsform (20x30 cm) och vik upp kanterna så att folien täcker sidorna. Pensla folien med olja.

Kör digestivekex, smör och kryddor i en matberedare. Tryck ut blandningen i botten på formen och grädda i 8 minuter.

Rör ihop cream cheese och socker. Blanda i vetemjöl, vaniljsocker och salt och rör till en slät smet. Tillsätt ägg och äggula, lite i taget, under omrörning. Rör försiktigt i rom och vispgrädde.

Häll fyllningen i formen och grädda i nedre delen av ugnen i ca 25 minuter.

Låt kakan svalna och skär den i rutor.

Smält strösockret på låg värme tills sockret har lösts upp och bildar en karamellfärgad sirap. Ringla den snabbt över rutorna och låt svalna.

## Jordnöts- och syltrutor

ca 40 rutor

*175 g smör*
*3 dl jordnötssmör*
*13 digestivekex*
*5 dl florsocker*
*2 dl hallon- eller jordgubbssylt*

*200 g mörk choklad*

Smält smör och jordnötssmör i en tjockbottnad kastrull på låg värme. Rör ihop och låt svalna en aning. Kör kexen till smulor i matberedare. Rör ner smulorna i smöret. Sikta sedan ner florsocker och blanda ihop till en massa. Tryck ner massan i två avlånga bakformar. Låt dem stelna i kylskåp. Stjälp sedan upp dem och bred på sylten. Skär dem i rutor.

Smält chokladen i en skål över sjudande vattenbad och ringla smeten över rutorna.

## Jordnötsrutor

ca 30 rutor

*ca 2 1/2 dl jordnötssmör*
*2 dl ljus sirap*
*1 dl farinsocker*
*1 dl kokosflingor*
*1 tsk vaniljsocker*
*1 liter K-special flingor eller cornflakes*

*150 g mörk choklad*
*1–2 dl jordnötter*
*ca 50 g mjölkchoklad*

Smörj en ugnsform eller plåt. Blanda jordnötssmör, sirap och farinsocker i en kastrull och koka upp över medelhög värme tills allt socker har lösts upp.

Rör ner kokos, vaniljsocker och flingor och blanda väl. Tryck ut massan i formen i ett ca 1 cm tjockt lager.

Smält den mörka chokladen i en skål över sjudande vattenbad. Bred sedan ut den över massan. Strö över jordnötterna och ställ in i kylskåpet för att stelna.

Smält mjölkchokladen och spritsa eller ringla den över kakan. Bryt sönder i bitar eller skär i rutor.

## Päronpaj med mandelmassa

6–8 portionspajer

Pajdeg
*2 1/2 dl vetemjöl*
*1/2 dl farinsocker*
*1/2 tsk malen kanel*
*1 krm malen ingefära*
*1 krm malen kryddnejlika*
*50 g smör*
*1 äggula*
*2 msk kallt vatten*

Fyllning
*2 päron*
*2–2 1/2 dl päronjuice (t.ex. Smakis eller Mer)*
*2 msk strösocker*
*1/2 dl vatten*
*1 msk smör*
*1 msk färskpressad citron*
*1/2 tsk malen kanel*
*75 g mandelmassa*
*1 äggvita*

*1–2 dl flagad mandel*

Börja med pajdegen. Kör mjöl, socker, kryddor och smör i matberedare. Blanda äggulan och vatten och häll ner i matberedaren. Mixa ihop lite till. Överarbeta inte degen. Rulla degen till en boll, slå in den i plast och låt den ligga i kylskåpet i minst 1 timme.

Sätt ugnen på 175 grader. Skala, kärna ur och skiva päronen.

Koka upp päronjuice, socker, vatten, smör, citronsaft och kanel. Lägg ner päronen och låt dem småputtra tills de är mjuka. Ta kastrullen från värmen. Sila av vätskan och ställ den åt sidan.

Riv mandelmassan och rör ihop med päronen.

Skär degen i 6 eller 8 bitar, kavla ut dem till rundlar, ca 10 cm i diameter. Lägg ut rundlarna på en bakplåt täckt med bakplåtspapper. Klicka päron- och mandelmassröran i mitten. Vik upp kanterna på degen och nyp ihop. Vispa äggvitan lätt och pensla den på kanterna av pajdegen. Strö över flagad mandel.

Grädda i ugnen i ca 30 minuter eller tills pajerna fått lite färg.

Koka upp vätskan som päronen har kokat i och låt puttra i 10–15 minuter. Lägg upp pajerna och ringla över såsen. Servera med vaniljsås eller vaniljglass.

## Ricotta- och äppelpaj

Pajdeg
*150 g smör*
*3 dl vetemjöl*
*1 dl strösocker*
*1 tsk bakpulver*

Fyllning
*3–4 äpplen*
*1/2+1 dl strösocker*
*1/2 tsk malen kanel*
*2 ägg*
*1/4 tsk riven muskot*
*250 g ricottaost*
*1 dl vispgrädde*
*1 nypa salt*
*1 1/2 tsk rivet citronskal*

Sätt ugnen på 225 grader.

Blanda snabbt ihop ingredienserna till pajdegen, antingen för hand eller i matberedare. Tryck ut degen i en rund pajform.

Skala och skiva äpplen. Bred ut dem över pajbottnen i formen. Blanda 1/2 dl socker och kanel och strö över äpplena.

Vispa äggen lätt och blanda i de resterande ingredienserna till en slät smet. Häll smeten över äpplena.

Grädda i 10 minuter, sänk sedan temperaturen till 175 grader och grädda pajen i ytterligare ca 30 minuter. Låt svalna.

## Stjärnpaj

Pajdeg
*225 g smör eller margarin*
*5 dl vetemjöl*
*1 1/2 dl strösocker*
*1 tsk bakpulver*
*1 tsk vaniljsocker*

*ca 1 liter blåbär och björnbär*
*1 dl strösocker*
*3 msk potatismjöl*
*2 tsk vaniljsocker*

*florsocker*

Sätt ugnen på 200 grader. Smörj en pajform, som är ca 28 cm i diameter.

Blanda ihop ingredienserna till pajdegen, antingen för hand eller i matberedare. Lägg en tredjedel av pajdegen i kylskåp. Ta resterande deg och tryck ut den i pajformen. Ställ in även den i kylen i minst 30 minuter.

Blanda bär, socker, potatismjöl och vaniljsocker. Häll bären i formen. Grädda pajen i ugnen i ca 20 minuter.

Ta fram resterande deg och tryck eller kavla ut den på en mjölad arbetsyta till en tjocklek om ca 1/2 cm. Stansa eller skär ut stjärnor eller andra former.

Ta ut pajen ur ugnen. Lägg försiktigt ut stjärnorna av deg över pajen och grädda i ytterligare 15 minuter eller tills stjärnorna fått färg.

Låt pajen kallna och sikta sedan över florsocker.

## Fruktpudding

8 portioner

*6 skivor vitt bröd utan kanter*
*6 dl mjölk*
*75 g rumsvarmt smör*
*3 delade ägg*
*1 dl finhackad mandel*
*1 dl strösocker*
*1 tsk malen kanel*
*1 tsk vaniljsocker*
*rivet skal av 1 citron*

*1 kg frukt i kuber (t.ex. äpple, päron, plommon)*

Sätt ugnen på 175 grader. Smörj en ugnsfast form.

Bryt sönder brödet i en bunke och häll över mjölken. Smula massan med fingrarna.

Vispa smör och äggulor poröst. Tillsätt mandel, socker, kanel, vaniljsocker, citronskal och brödblandningen.

Vispa äggvitorna till hårt skum och vänd ner dem i smeten. Rör till sist ner frukten.

Häll smeten i formen och grädda i ca 1 timme eller tills puddingen har stelnat och ytan blivit gyllengul.

Servera varm eller kall med vaniljsås eller vaniljglass.

## Minifikonpaj med toffee

6 portionspajer

Pajdeg
*3 dl vetemjöl*
*1 dl strösocker*
*100 g kylskåpskallt smör eller margarin*
*2 äggulor*

Fyllning
*6 färska fikon*
*6 kolakarameller (t.ex. Werthers original)*

*1 ägg*
*råsocker*

Sätt ugnen på 200 grader. Smörj och mjöla 6 portionsformar med hög kant.

Blanda snabbt ihop mjöl, socker och smör till pajdegen i matberedare. Tillsätt äggulorna och kör i endast några sekunder. Låt degen vila i kylskåpet i minst 30 minuter.

Tumma ut degen i portionsformarna. Lämna lite deg till locken.

Skär av skaftet på fikonen. Tryck in en karamell i varje fikon och placera sedan ett fikon i varje pajform. Kavla ut resterande pajdeg. Skär ut cirklar stora nog att täcka pajerna. Lägg på deglocken och nyp ihop runt kanterna. Skär några snitt i locket med en vass kniv. Av den deg som är kvar kan man skära ut små blad och dekorera locken med dem.

Vispa ägget och pensla pajlocken. Strö över lite råsocker och grädda i ugnen i ca 25 minuter eller tills pajerna blivit gyllenbruna. Låt svalna en stund och lossa sedan försiktigt pajerna ur formarna. Servera direkt med en klick grädde eller glass.

## Kolapaj

Pajdeg
*ca 3 dl vetemjöl*
*5 msk strösocker*
*150 g kylskåpskallt smör eller margarin*
*2 äggulor*

Kolasmet
*4 dl vispgrädde*
*1 dl ljus sirap*
*1 dl strösocker*
*100 g smör*
*1 tsk vaniljsocker*

Sätt ugnen på 175 grader.

Blanda snabbt ihop mjöl, socker och smör till pajdegen i matberedare. Tillsätt äggulorna och kör i endast några sekunder Låt degen vila i kylskåpet i minst 30 minuter.

Tumma ut degen i en pajform. Nagga botten med en gaffel. Grädda i ugnen i ca 20 minuter eller tills den fått färg.

Blanda till kolasmeten alla ingredienser utom vaniljsocker i en kastrull. Koka upp och låt sedan sjuda över medelhög värme till 112 grader. Ta bort från värmen och rör ner vaniljsocker. Häll smeten i pajskalet och ställ svalt tills kolasmeten stelnat.

## Fluffig frusen polkagrispaj

Pajdeg
*20 småkakor med smak av choklad*
*2 msk kakao*
*25 g smält smör eller margarin*

*5 dl vispgrädde*
*1 burk marshmallowfluff*
*några droppar pepparmyntsolja*
*några droppar röd karamellfärg*
*1 dl polkagrisar + några till dekorering*

Chokladsås
*125 g mörk choklad*
*75 g smör*
*1/2 dl strösocker*
*1/2 dl sirap*
*1 nypa salt*
*1/2 dl vatten*

Kör kakor, kakao och smör i en matberedare. Tryck ut smulblandningen i en pajform med höga löstagbara kanter. Ställ in i frysen.

Vispa grädden och blanda försiktigt med marshmallowfluff och några droppar pepparmyntsolja eller efter smak. Lägg ungefär en tredjedel av krämen i en separat skål och ställ åt sidan.

Krossa polkagrisarna i mortel. Blanda ner i den större mängden kräm. Ta ut pajformen ur frysen och bred ut krämen i pajskalet.

Ta resterande kräm och blanda i några droppar karamellfärg. Klicka ut den röda krämen över den vita i formen. Gör med en kniv ett virvlande mönster i krämen.

Ställ in pajen i frysen i minst 5 timmar. Ta fram den 10–15 minuter innan den ska serveras. Dekorera med polkagrisar.

Blanda ihop ingredienserna till chokladsåsen i en kastrull. Koka upp och rör tills all choklad har smält. Låt småsjuda i ca 10 minuter eller tills såsen blivit tjock och glansig.

Servera såsen varm eller kall till pajen.

## Mocka- och chokladkaka

I *Två systrars söta* finns ett liknande recept. Tyvärr fick vi inte med den kakan på bild och därför har kanske många missat den. Vi har nu gjort en ny version av denna gudomligt goda chokladkaka – och så här ser den ut.

Bli inte förvånad när du sätter skeden i den färdiga kakan att kaffet har sjunkit till botten och blivit till en härlig sås.

*150 g smör eller margarin*
*100 g mörk choklad (60–70 % kakaohalt)*
*4 dl strösocker*
*5 dl vetemjöl*
*3 tsk bakpulver*
*2 tsk vaniljsocker*
*1/4 tsk salt*
*2 dl mjölk*

*1 dl strösocker*
*1 dl muskovadosocker eller farinsocker*
*1/2 dl kakao*
*3 dl starkt varmt kaffe eller espresso*

*1/2 dl kokosflingor*

Sätt ugnen på 175 grader. Smörj en ugnsform.

Smält smör och choklad i en tjockbottnad kastrull över låg värme. Blanda med socker i en bunke.

Blanda vetemjöl, bakpulver, vaniljsocker och salt. Rör ner i smeten tillsammans med mjölken och blanda till en slät smet. Häll den i formen.

Blanda socker, farinsocker och kakao och strö jämnt över kaksmeten. Avsluta med att hälla det varma kaffet över smeten. Blanda ej.

Grädda i ugnen i 40 minuter. Kakan ska fortfarande vara kladdig i mitten. Strö över kokos och servera varm med vaniljglass.

## Pepparmyntsbrownies

Det här är Lisas absoluta favoritrecept i den här boken!

ca 20 rutor

Chokladsmet
*125 g mörk choklad (60–70 % kakaohalt)*
*175 g smör eller margarin*
*5 dl strösocker*
*2 tsk vaniljsocker*
*4 ägg*
*3 1/2 dl vetemjöl*
*1/2 tsk salt*

Pepparmyntskräm
*450 g philadelphiaost eller annan cream cheese*
*1 dl strösocker*
*1 1/2–2 tsk pepparmyntsolja*
*1 ägg*
*några droppar grön karamellfärg*
*100 g hackad mörk choklad*

Chokladglasyr
*25 g smör*
*2 msk sirap*
*2 msk vatten*
*50 g mörk choklad*
*2–2 1/2 dl florsocker*

Smörj och mjöla en ugnsform (20x30 cm). Sätt ugnen på 175 grader.

Smält choklad och smör i en tjockbottnad kastrull. Låt svalna i ca 5 minuter. Tillsätt sedan socker, vaniljsocker och ägg. Rör i mjöl och salt och vispa till en slät smet.

Vispa ihop ingredienserna till pepparmyntskrämen.

Bred ut hälften av chokladsmeten i formen. Bred sedan försiktigt pepparmyntskrämen över chokladsmeten. Avsluta med resten av chokladsmeten. Ta en kniv och dra ett virvlande mönster.

Grädda i ugnen i 45 minuter. Låt svalna helt.

Koka upp smör, sirap och vatten till glasyren. Lägg i chokladen i bitar och rör om tills den har smält. Låt svalna något. Rör i florsocker och blanda till en slät kräm. Bred ut den över hela kakan och låt den kallna. Skär den sedan i lämpliga bitar.

## Lingonpäron med vaniljglass

4 portioner

*4 fasta päron*
*5 dl lingonsylt*
*4 dl vatten*
*1–2 kanelstänger*
*ca 5 kryddnejlikor*
*ca 10 kardemummakärnor*

Skala päronen och låt skaften sitta kvar.

Koka upp lingonsylt, vatten och kryddor. Lägg ner päronen och koka i ca 20 minuter eller tills päronen känns mjuka. Låt dem svalna något i lagen. Lyft upp päronen och servera dem ljumma med vaniljglass.

## Inbakade glöggpäron

4 portioner

*4 fasta päron*
*5 dl glögg*
*1 dl strösocker*
*1 bit kanelstång*
*saft av 1/2 apelsin*

*4 plattor smördeg*
*2 ägg*
*råsocker*

Skala päronen och låt skaften sitta kvar. Skär bort en liten skiva nedtill på päronen så att de står upprätt.

Koka upp glögg, socker, kanel och apelsinsaft i en liten kastrull. Ställ ner päronen och koka dem i ca 20 minuter eller tills de känns mjuka. Låt päronen kallna i lagen.

Sätt ugnen på 200 grader.

Kavla ut smördegsplattorna lite grann. Skär degen i långa remsor, 1 1/2 cm breda. Börja med att vira runt en remsa längst ner på päronet. Skär bort överflödig deg och nyp ihop ändarna. Pensla degremsan med uppvispat ägg. Ta en ny remsa deg och vira runt päronet så att den överlappar den undre remsan lite grann. Pensla med ägg. Fortsätt klä päronet med deg tills det är helt täckt. Se till att nypa ihop degen längst upp på päronet.

Ställ päronen på en plåt klädd med bakplåtspapper. Pensla med ägg och strö över råsocker. Grädda i ca 20 minuter på nedersta falsen i ugnen. Servera varma med vaniljglass.

## Saffranspäron med mascarpone

4 portioner

*4 fasta päron*
*1/2 vaniljstång*
*6 dl vatten*
*1 1/2 dl strösocker*
*1 kuvert saffran (1/2 g)*
*1/2 tsk rivet citronskal*

*ca 200 g mascarpone*
*1–2 msk florsocker*

Skala päronen och lämna kvar skaftet.

Snitta upp vaniljstången, skrapa ur fröna och lägg både stång och frön i en kastrull tillsammans med vatten, socker, saffran och citronskal. Koka upp lagen och lägg ner päronen. Sjud päronen i ca 20 minuter eller tills de har mjuknat. Låt dem svalna i spadet eller servera dem varma.

Blanda mascarpone och florsocker efter smak. Servera päronen på en spegel av saffranslagen med en klick mascarpone.

## Marängtorn med vit choklad och lingon

6 portioner

Maräng
*3 äggvitor*
*1 krm ättiksprit*
*1 1/2 dl strösocker*

Vit chokladkräm
*100 g vit choklad*
*1 burk kesella (250 g)*
*ca 1 dl frysta lingon*

*lingon*
*citronmeliss*

Sätt ugnen på 175 grader. Ta fram lingonen och låt dem tina.

Vispa äggvitorna tillsammans med ättikssprit i en ren bunke till hårt skum. Tillsätt sockret, lite i taget. Fortsätt vispa till en glansig och fast maräng.

Rita på bakplåtspapper 18 cirklar, ca 6 cm i diameter. Klicka marängen i cirklarna och bred ut den i den runda markeringen.

Sätt in marängerna i ugnen och sänk värmen till 125 grader. Grädda i ca 35 minuter. Stäng av ugnen och låt marängerna svalna i ugnen med luckan på glänt.

Smält chokladen i en skål över sjudande vattenbad. Blanda med kesellan. Låt svalna och blanda sedan i lingonen. Ställ in i kylen en stund.

Ta ut marängerna ur ugnen och låt dem kallna helt.

Bred ut lite kräm på en maräng. Lägg en maräng till ovanpå med lite kräm och sedan ytterligare en maräng och kräm. Gör likadant med resten av marängerna och krämen så att du får sex torn.

Dekorera med lite lingon och citronmeliss. Servera direkt.

## English trifle

English trifle är en klassisk brittisk dessert. Det roliga med den är att man kan göra den med i princip vilka smaker som helst. Grunden är oftast skivad sockerkaka, vaniljkräm och vispad grädde som man smaksätter med frukt, choklad, nötter och gärna en skvätt sprit. Variationerna är oändliga, men här ger vi några av våra favoriter. Vi anger inga mängder utan det är bara att varva efter tycke och smak i en fin glasskål.

### Choklad- och hallontrifle

Varva skivor av sockerkaka, chokladkräm, frysta hallon och vispad grädde.

### Piña colada-trifle

Blanda till vaniljkräm från pulver men byt ut vätskan mot kokosmjölk. Varva sedan med sockerkaka i skivor som är dränkta i lite rom samt krossad ananas, vispad grädde och kokosflingor.

### Caramel trifle

Varva skivor av sockerkaka, vaniljkräm, kolasås, krossade Snickers och vispad grädde.

### Kahlúatrifle med hasselnötter

Varva sockerkaka i skivor, doppade i Kahlúa, med vaniljkräm, nutella, vispad grädde och hackade hasselnötter.

### Limoncellotrifle

Ställ savoiardikex längs kanten av glasskålen, och se till att de står upp. Blanda mascarpone med lite florsocker till en kräm. Varva krämen med fler kex doppade i citronlikör (Limoncello), hallonsylt, lemon curd och vispad grädde.

### Trifle med blandad frukt

Varva sockerkaka i skivor, doppade i cointreau, med fruktcocktail (på burk), vaniljkräm och vispad grädde samt flagad mandel.

## Sticky toffee pudding

Det här är Monicas absoluta favoritrecept i den här boken!

10 portioner

*225 g dadlar*
*2 dl kokande vatten*
*85 g rumsvarmt smör eller margarin*
*2 dl muskovadosocker eller farinsocker*
*2 ägg*
*2 msk ljus sirap*
*3 dl vetemjöl*
*1 tsk bakpulver*
*1 tsk bikarbonat*
*1 tsk vaniljsocker*
*1 dl mjölk*

Kolasås
*2 dl ljust muskovadosocker*
*50 g smör*
*2 1/4 dl vispgrädde*
*1 msk ljus sirap*

Sätt ugnen på 175 grader. Smörj och mjöla ugnssäkra portionsformar eller en muffinsplåt.

Kärna ur och finhacka dadlarna och lägg dem i en skål. Häll över det kokande vattnet och låt stå i ca 30 minuter. Häll bort vattnet och mosa sedan dadlarna med en gaffel.

Rör smör och socker poröst. Vispa i äggen, ett i taget. Blanda i sirapen. Blanda vetemjöl, bakpulver, bikarbonat och vaniljsocker. Varva ner mjölken och mjölblandningen. Rör försiktigt ihop smeten utan att överarbeta den. Tillsätt till sist dadlarna. Fördela smeten i formarna och grädda i ugnen i ca 20 minuter.

Blanda alla ingredienserna till såsen i en tjockbottnad kastrull och koka upp. Låt sjuda i några minuter till en kolasås.

Ta ut puddingarna ur ugnen och låt svalna i några minuter. Vänd sedan försiktigt upp puddingarna på assietter. Häll över kolasåsen.

Om man vill ha ännu kladdigare konsistens kan man låta dem stå i några dagar. Stjälp upp puddingarna i en form. Häll över såsen. Täck försiktigt med lite folie. Se bara till att folien inte nuddar puddingarna och fastnar i kolasåsen. Puddingarna behöver inte stå kallt.

Servera puddingarna varma eller kalla med kolasås och eventuellt en klick grädde.

## Butterscotchkräm

4 portioner

*1 1/2 dl vispgrädde*
*3 msk smör*
*1 3/4 dl farinsocker*
*3 dl mjölk*
*2 äggulor*
*3 msk majsstärkelse*
*1 nypa salt*

*4 portionsformar*

Värm grädden över låg värme.

Smält under tiden smöret i en separat tjockbottnad kastrull. Tillsätt sedan socker och låt koka över medelstark värme i ca 5 minuter till en slät kolakräm. Häll sedan i den varma grädden och koka eventuellt och rör lite till. Blanda väl. Ta kastrullen från värmen.

Vispa ihop mjölk, äggulor, majsstärkelse och salt i en skål över sjudande vattenbad. Tillsätt kolakrämen i en tunn stråle under ständig vispning. Fortsätt vispa till en tjock kräm.

Låt krämen svalna något. Fördela den sedan i portionsformar. Täck formarna och låt stå i kylskåpet i minst 3 timmar. Servera med en klick vispad grädde.

## Kinesisk mandeldessert

På vintern när det är svårt att få tag på färsk frukt är detta en jättegod dessert att servera. Använd helst exotisk frukt på burk!

ca 8 portioner

*6 tsk gelatinpulver*
*1 liter vatten*
*5 msk strösocker*
*1 burk kondenserad mjölk*
*ett par droppar mandelessens*

*1 burk konserverad frukt*

Lös upp gelatinet enligt anvisningarna på paketet.

Koka upp vatten och socker och rör om tills allt socker har lösts upp. Vispa i gelatinet.

Ta kastrullen från värmen och blanda i kondenserad mjölk och mandelessens efter smak.

Häll upp i en rektangulär form (ca 20x30 cm). Ställ in i kylskåpet och låt stelna.

Skär kakan på diagonalen i sneda rutor. Lägg upp på assietter och lägg på frukten. Häll på lite fruktlag och dekorera eventuellt med lite citronmeliss.

## Lime- och myntagelé med bär

Använder man färska bär blir gelén genomskinlig och bären syns tydligare. Tar man frysta bär blir dock smaken och färgen kraftigare.

4–6 portioner

*6 gelatinblad*
*2 dl strösocker*
*2 dl vatten*
*ca 1 msk packade myntablad*
*1 1/2 dl färskpressad lime*
*ca 200 g bär (t.ex. hallon, blåbär, björnbär)*

*vispad grädde*
*myntablad*

Lägg gelatinbladen i en skål med kallt vatten.

Blanda socker, vatten och myntablad i en kastrull och koka upp. Låt småkoka i några minuter. Ta kastrullen från värmen och låt svalna något. Plocka upp myntabladen.

Ta upp gelatinbladen ur vattnet, krama ur dem och lägg dem i sockerlagen. Rör försiktigt tills gelatinet är helt upplöst. Observera att gelatinet inte får koka. Tillsätt sedan limesaften.

Lägg ett myntablad i botten på portionsformarna och fördela bären. Häll över sockerlagen och ställ in i kylen för att stelna.

Doppa försiktigt formarna i hett vatten i några sekunder. Skär med en vass kniv runt kanten på formarna och stjälp sedan upp gelén på assietter. Servera med en klick vispad grädde och myntablad.

## Glögg-glass

Den här desserten har vi flera gånger briljerat med vid exempelvis nyårsfester med utländska gäster som tycker att det är exotiskt med glögg.

4–6 portioner

*5 dl starkvinsglögg eller alkoholfri glögg*
*1 vaniljstång*
*3 äggulor*
*3/4 dl strösocker*
*3 dl vispgrädde*
*4–6 kanelstänger*
*3 dl skållad och skalad mandel*

Häll glöggen i en kastrull och lägg i vaniljstången, snittad på längden. Låt småkoka i ca 10 minuter.

Vispa under tiden äggulor och socker ljust och poröst.

Plocka bort vaniljstången ur glöggen och vispa ner äggblandningen. Sjud på svag värme under kraftig vispning till en kräm. Den får inte koka!

Ta kastrullen från värmen och låt svalna. Blanda i grädden.

Häll upp krämen i små portionsformar eller plastglas. Ställ in i frysen. När krämen har stelnat något tryck försiktigt ner en kanelstång ca 1 cm i varje form. Låt stelna helt. Beräkna frystiden till ca 3 timmar.

Sätt ugnen på 175 grader och rosta mandeln tills den är gyllenbrun. Eller rosta den i en het torr stekpanna. Finhacka sedan mandeln. Sila bort "pulvret". Låt svalna.

Ta ut formarna ur frysen ca 10 minuter före servering. Doppa snabbt men försiktigt formarna i hett vatten. Dra sedan ut glassen. Rulla glassklubborna i den hackade mandeln och servera direkt.

## Glögg-granita

Granita är perfekt att servera mellan rätterna – för att rensa smaklökarna – under en flerrättersmiddag.

Häll alkoholfri glögg i en bakform och ställ in i frysen. Rör om med en gaffel när en frusen skorpa har bildats. Fortsätt röra om var tjugonde minut tills granitan har stelnat. Beräknad frystid är 2–3 timmar.

Skrapa med en sked eller gaffel av metall av flagor av granitan och servera i kylda små skålar eller snapsglas.

## Julmustgranita

Häll julmust i en bakform och ställ in i frysen. Rör om med en gaffel när en frusen skorpa har bildats. Fortsätt röra om var tjugonde minut tills granitan har stelnat. Beräknad frystid är 2–3 timmar.

Skrapa med en sked eller gaffel av metall av flagor av granitan och servera i kylda små skålar eller snapsglas.

## Tranbärsgranita med kanel

Koka upp 1 liter tranbärsjuice med 1 kanelstång. Låt småputtra i ca 10 minuter. Låt juicen kallna. Ta bort kanelstången och häll juicen i en bakform och ställ in i frysen. Rör om med en gaffel när en frusen skorpa har bildats. Fortsätt röra om var tjugonde minut tills granitan har stelnat. Beräknad frystid är 2–3 timmar.

Skrapa med en sked eller gaffel av metall av flagor av granitan och servera i kylda små skålar eller snapsglas.

## Blåbärs-ris à la Malta med frysta bär

ca 6 portioner

*1/2 sats klassisk julgröt (nedan)*
*2 dl blåbär*
*1 msk florsocker eller mer efter smak*
*1 msk vaniljsocker*
*2 dl vispgrädde*

*frysta bär*

Blanda ner blåbär, florsocker och vaniljsocker i den kalla gröten.

Vispa grädden och vänd ner den i gröten. Servera med frysta bär.

## Mandelgröt med calvadosäpplen

ca 6 portioner

*1 sats klassisk julgröt kokt med vaniljstång (t.h.)*
*2 dl finhackad mandel*
*2 äpplen*
*ca 1 msk färskpressad citron*
*2–2 1/2 dl äppeljuice*
*2 msk farinsocker*
*1/2 dl calvados*
*1 kanelstång*

Koka upp gröten med en snittad vaniljstång. Blanda ner mandeln och låt svalna. Plocka bort vaniljstången.

Skala, kärna ur, halvera och skiva äpplena. Häll över citronsaft.

Koka upp äppeljuice, farinsocker, calvados och kanelstång och låt småputtra i några minuter. Ta av från värmen och lägg ner äppelskivorna. Låt svalna.

Lägg upp gröten med äppelskivor och ringla över silad calvadossirap.

## Saffransgröt

ca 6 portioner

*1 sats klassisk julgröt (nedan)*
*1/2–1 kuvert saffran (1/4–1/2 g)*
*ca 1 tsk rivet apelsinskal*
*2 dl hackade pistagenötter*

Koka upp gröten med saffran. Blanda ner apelsinskal och pistagenötter.

Servera gröten varm eller kall med till exempel mjölk.

## Klassisk julgröt

ca 6 portioner

*2 1/2 dl rundkornigt ris*
*5 dl vatten*
*2 msk smör*
*1 tsk salt*
*8–9 dl mjölk*
*1 kanelstång*
*1–1 1/2 msk strösocker*
*1 skållad mandel*

Blanda ris, vatten, smör och salt i en tjockbottnad kastrull. Koka upp över svag värme och låt småputtra i ca 10 minuter. Tillsätt mjölk och kanelstång och låt småputtra i ytterligare 30–40 minuter. Häll på mer mjölk under kokningen om gröten blir för tjock. Smaksätt med socker.

Göm en mandel i gröten och servera gröten med mjölk och kanel.

## Anne Trewhitts Christmas pudding

Vår bästa väninna Sara, som vi älskar över allt annat, har inte direkt varit den som briljerat i köket – tills hon gifte sig med en man från Yorkshire och nu har bestämt sig för att bli en perfekt "housewife". Detta recept har vi fått av henne som hon i sin tur fått av sin engelska svärmor Anne.

Christmas pudding är ett måste i varje brittiskt hem till jul och den görs oftast ett tag före jul för att stå och mogna.

*225 g kylskåpskallt smör*
*450 g russin*
*200 g korinter*
*200 g sultanrussin*
*100 g kanderade apelsinskal*
*2 dl farinsocker*
*1 tsk bakpulver*
*3 dl vetemjöl*
*1 dl hackad mandel*
*rivet skal och saft av 1/2 citron*
*3 ägg*
*250 g brödsmulor*
*1/2 tsk riven muskotnöt*
*1/2 tsk salt*
*1 riven morot*
*1 rivet äpple*
*1/2 flaska stout eller Guinness*

*1 rostfri bunke (cirka 2 liter)*

Riv ner smöret i en beredningsskål. Tillsätt resterande ingredienser och blanda väl.

Smörj den rostfria bunken. Häll ner smeten i bunken. Bunken ska täckas med bakplåtspapper men pappret måste först vikas som ett dragspel så att puddingen får plats att resa sig. Lägg det vikta bakplåtspappret över bunken och knyt fast med ett bomullssnöre. Lägg även över ett ark folie och knyt fast det.

Ställ ner bunken i en stor kastrull. Fyll på vatten i kastrullen tills det når minst tre fjärdedelar upp på bunkens sidor. Sätt ett tättslutande lock på kastrullen och låt vattnet sjuda i ca 4 timmar så att puddingen ångkokas. Fyll på mer vatten vid behov.

Låt svalna. Täck puddingen med plast och förvara svalt. När det är dags att servera puddingen, ångkoka den på nytt på samma sätt i ca 2 1/2 timme. Servera den varm med en klick brandy butter eller vaniljsås.

## Brandy butter

*125 g smör*
*2 1/2 dl florsocker*
*5 msk brandy*

Rör smör och florsocker. Tillsätt brandy och vispa till en slät kräm. Kyl.

## Victors heta fruktsallad

Denna fruktsallad åt Monica en gång på en restaurang och blev helt betagen av den. Dess skapare Victor var vänlig nog att dela med sig av receptet.

4–6 portioner

*1 blodgrapefrukt*
*1 apelsin*
*1/2 färsk ananas eller ca 5 dl ananas i bitar*
*ca 200 g spetskål*
*ca 1/2 msk sambal oelek eller efter smak*
*1 dl färskpressad lime*
*1 dl strösocker*

Skala grapefrukten och apelsinen med vass kniv och skär bort även allt det vita. Skär frukterna i bitar eller tärningar. Skala ananasen och skär den på samma sätt. Strimla kålen.

Blanda sambal oelek, limesaft och socker. Rör ihop med frukt och kål i en bunke.

Täck över salladen med plastfolie och ställ in i kylskåpet i några timmar så att frukten saftar sig och smakerna blandas.

## Fruktsallad med kardemumma, rom och vit choklad

4–6 portioner

*ca 800 g frukt (t.ex. clementiner, apelsiner, kiwi, granatäpple)*
*1 krm malen kardemumma*
*1 msk råsocker*
*2 msk mörk rom*
*ca 30 g vit choklad*
*ca 1/2 dl hackade pistagenötter*

*vaniljkesella*

Skala och skär frukten i bitar. Pilla kärnorna ur granatäpplet, om du har valt det. Lägg upp i en skål.

Blanda kardemumma, socker och rom. Häll blandningen över frukten och rör om försiktigt. Täck med plastfolie och ställ in i kylskåpet i ca 1 timme. Rör om då och då så att smakerna blandas.

Riv chokladen och blanda ner den och pistagenötterna i fruktsalladen. Lägg upp i glas och garnera med en klick vaniljkesella.

## Fruktsallad med yoghurt, honung och mandel

4–6 portioner

*1 äpple*
*1 päron*
*1 tsk färskpressad citron*
*1 nypa kanel*
*1 nypa malen stjärnanis (valfritt)*
*ca 3 dl turkisk yoghurt*
*1 tsk vaniljsocker*
*1–2 dl flytande honung*
*1/2–1 dl rostad flagad mandel*

*stjärnanis*

Skala, kärna ur och skär frukten i kuber. Blanda med citronsaft, kanel och stjärnanis.

Blanda yoghurt med vaniljsocker.

Varva ingredienserna i vackra glas i följande ordning: honung, yoghurt, frukt och mandel. Dekorera med stjärnanis och servera direkt.

## Exotisk fruktsallad med citrongräs

4–6 portioner

*3/4 dl strösocker*
*1 1/2 dl vatten*
*1 vaniljstång*
*1 citrongrässtjälk*
*1 carambole (stjärnfrukt)*
*ca 5 kumquats*
*1/2 honungsmelon*
*2 kiwi*
*1/2 mango*
*ca 1 msk färskpressad lime*

Koka upp socker och vatten. Snitta vaniljstången på längden. Finstrimla citrongräset. Lägg ner vanilj och citrongräs i sockerlagen och låt koka ihop en stund tills den tjocknar. Ta sockerlagen från värmen och låt den svalna.

Skiva carambolen. Halvera kumquats. Skala och skär melon, kiwi och mango i kuber.

Lägg all frukt i en skål. Häll över lite av den kalla silade sockerlagen och smaka av.

## Italiensk julkaka

Detta är en superlätt och luftig kaka som äts till jul i Italien. I vår familj har vi anammat den traditionen. Tidigare har vi alltid köpt den, men i år gav vi vår mor uppgiften att baka en. Vi fick experimentera en hel del, men tycker nu att vi har lyckats få den lika god som originalet.

2 kakor

*1/2 paket jäst för söta degar*
*1/2 dl mjölk*
*75 g rumsvarmt smör*
*1 dl strösocker*
*1/2 tsk salt*
*2 tsk vaniljsocker*
*rivet skal av 1 citron*
*2 ägg*
*5–6 dl vetemjöl*

*1 ägg till pensling*
*2 kaffeburkar i aluminium*

Smula ner jästen i en bunke.

Värm mjölken till 37 grader. Häll den över jästen och rör tills den har lösts upp.

Rör smör, socker, salt, vaniljsocker och citronskal. Tillsätt äggen, ett i taget. Rör sedan ner mjölken med jästen. Tillsätt nästan allt mjöl, lite i sänder. Spara lite till utbakningen. Blanda till en lös deg. Strö ett tunt lager mjöl över den och täck bunken med plastfolie. Låt degen jäsa dragfritt till dubbel storlek i ca 2 1/2 timme.

Sätt ugnen på 200 grader. Smörj och mjöla kaffeburkarna.

Ta upp degen på ett mjölat arbetsbord och arbeta in det resterande mjölet.

Dela degen i två delar och rulla till bollar. Lägg ner bollarna i kaffeburkarna. Låt jäsa i 45 minuter. Vispa ägget och pensla på degen. Grädda på nedersta falsen i ugnen i 20–30 minuter. Täck formarna med folie om ytan börjar bli för brun.

Låt kakorna svalna i formen. Stjälp sedan upp dem och pudra rikligt med florsocker över vid servering.

## Italiensk julkaka med marinerade sultanrussin

*2 dl sultanrussin*
*1–2 dl marsalavin*
*100 g kanderade apelsinskal*
*100 g suckat*

Koka upp russin och marsalavin. Låt småputtra i ca 2 minuter. Ställ sedan att svalna.

Förbered degen enligt receptet på italiensk julkaka. Sila bort vinet och blanda ner russin, apelsinskal och suckat i degen före första jäsningen. Följ sedan receptet.

Pudra rikligt med florsocker över kakan vid servering.

## Italiensk julkaka med krämfyllning

*lemon curd (kan blandas med lite citronlikör, Limoncello) eller nutella (kan blandas med lite hasselnötslikör, Frangelico)*

Skär bort en skiva på toppen av kakan och en skiva i botten. Spar de bortskurna delarna. Skär med en vass kniv ut tre runda hål genom hela kakan och spritsa i krämen. Bred även lite kräm på de bortskurna delarna och tryck fast dem igen på kakan. Pudra rikligt med florsocker över vid servering.

## Äppelchips

Dessa chips är både goda och nyttiga. Pröva även att experimentera med din favoritfrukt som kanske är päron, stjärnfrukt eller ananas. Välj endast frukt av hög kvalitet.

ca 40 chips

*2 fasta äpplen*
*ca 1 msk florsocker*
*saft av 1 citron*

Blanda citronsaft och florsocker i en skål. Skär äpplena i så tunna skivor som möjligt – helst med en mandolin eller skärmaskin. Doppa skivorna i citron- och sockerblandningen och lägg sedan ut dem tätt på en plåt täckt med bakplåtspapper eller silpat.

Ställ in i frysen i ca 40 minuter. Sätt ugnen på 100 grader.

Ställ sedan in plåten i ugnen i ca 1 timme eller tills äppelskivorna är torra.

## Varm vanilj- och äppelcider

ca 1 liter

*1 liter Astrakan cider eller alkoholfri cider*
*1/2 dl strösocker (uteslut med alkoholfri cider)*
*1 kanelstång*
*1/2 vaniljstång*

Blanda alla ingredienser i en kastrull och låt koka upp. Sjud på svag värme i ca 20 minuter. Plocka bort kanelstång och vaniljstång och servera direkt i glas eller mugg.

Tips! Lägg en kula vaniljglass i varje cidermugg och det blir en barnsligt god dryck.

## Varm tranbärscider

ca 1 liter

*5 dl tranbärsjuice*
*1 kanelstång*
*1 krm kryddpeppar*
*6 kryddnejlikor*
*5 dl äppelcider*

Blanda tranbärsjuicen i en kastrull med kryddorna. Koka upp och låt sedan småputtra över låg värme i ca 20 minuter. Ta av från värmen, täck med lock och låt dra i ca 15 minuter.

Sila bort kryddorna. Häll tillbaka juicen i kastrullen tillsammans med cider. Värm och servera direkt.

## Irish cream-likör

ca 5 dl

*ca 20 g mörk choklad*
*3 msk varmt espressokaffe*
*1 burk kondenserad mjölk (ca 400 g)*
*1 tsk vaniljsocker*
*2 dl irländsk whiskey*

Finhacka chokladen. Blanda med det varma espressokaffet och rör om tills all choklad har smält. Låt svalna. Blanda sedan med kondenserad mjölk, vaniljsocker och whiskey i mixer och kör i några minuter. Häll upp på rengjord flaska. Skruva på kapsylen och ställ kallt.

Vill man ha en tunnare likör kan man tillsätta lite grädde eller mjölk.

## Het varm chokladdryck

ca 4 portioner

*400 g mörk choklad (50–70 % kakaohalt)*
*1 liter mjölk*
*1/2 dl råsocker*
*1 nypa chiliflagor*

*vispad grädde*
*riven choklad*

Hacka chokladen ganska smått.

Koka upp mjölken. Blanda i socker och choklad och rör om tills all choklad har smält. Tillsätt pyttelite smulad chili och smaka av.

Servera chokladen varm i muggar. Dekorera eventuellt med en klick vispad grädde och lite riven choklad.

## Varm vit choklad

ca 4 portioner

*400 g vit choklad*
*1 liter mjölk*
*1 vaniljstång*

*vispad grädde*
*malen kanel*

Hacka chokladen ganska smått.

Koka upp mjölken. Snitta upp vaniljstången på längden och lägg ner den i mjölken. Låt sjuda i några minuter. Plocka bort vaniljstången och häll ner chokladen. Rör tills all choklad har smält.

Servera chokladen varm i muggar. Dekorera eventuellt med vispad grädde och malen kanel.

## Fikonmarmelad med smak av cider och kanel

Denna marmelad brukar vi äta med en bit god ost eller tillsammans med lite gåslever på en skiva brioche.

*500 g torkade fikon*
*3 dl cider*
*1 dl muskovadosocker*
*1 1/2 dl vatten*
*1 kanelstång*

Hacka fikonen och låt dem dra i cider över natten.

Blanda fikon och cider med övriga ingredienser i en kastrull och låt koka upp. Låt sjuda i ca 20 minuter. Tillsätt mer vatten om marmeladen blir för tjock. Häll upp i rena och varma burkar.

## Brie med knäck och pekannötter

*1 liten rund brieost*
*2 dl strösocker*
*1/2 dl vatten*

*ca 10 pekannötter*

Lägg brieosten på ett galler. Ställ gallret på ett smörpapper.

Blanda socker och vatten i en tjockbottnad kastrull. Smält sockret över medelstark värme utan att röra om. Ta bort eventuellt socker på sidorna av kastrullen med en blöt pensel. Låt sockerlagen koka till en gyllengul färg.

Häll karamellen över brieosten så att den täcker hela osten och rinner ner lite på sidorna. Tryck ner pekannötterna i karamellen. Var försiktig för karamellen är väldigt het.

Låt karamellen stelna.

## Ädelost- och pepparkaksbollar

*pepparkakor*
*ädelost*

Smula pepparkakorna fint i matberedare eller stöt dem i mortel.

Forma ädelosten till små bollar. Rulla sedan ostbollarna i pepparkakssmulor så att de blir helt täckta.

Servera gärna bollarna till ett glas glögg.

## Valnötter i balsamvinäger

Detta är ett perfekt tillbehör på en ostbricka.

*1 dl farinsocker*
*2 dl balsamvinäger*
*2 msk honung*
*2 dl valnötter*

Koka upp farinsocker och balsamvinäger. Låt sjuda i ca 5 minuter. Blanda i honung och låt svalna. Blanda sedan med valnötterna.

Fikonmarmelad
med cider &
kanel

## Nötter och frukt i honung

Välj dina favoriter bland nötter, frön och torkad frukt och lägg i en burk med honung. Supergott på yoghurten på morgonen eller med glass som efterrätt. Knyt ett vackert band runt burken och ge bort som present!

*nötter*
*torkad frukt*
*flytande honung*

Sätt ugnen på 175 grader.

Strö ut nötterna på en bakplåt och rosta i ugnen. Rör om och kontrollera noggrant då olika nötter tar olika lång tid. Ta ut nötterna när de har blivit gyllenbruna. Låt svalna.

Blanda nötter och torkad frukt i en ren glasburk. Häll på så mycket honung att den täcker. Sätt på tättslutande lock och förvara svalt.

## Kryddigt citrussocker

Gott till mycket – att strö över en fruktpaj, gröten, yoghurt med müsli eller att smaksätta caffellatten med!

*rivet skal från 1 apelsin*
*rivet skal från 1 citron*
*ca 2 dl strösocker*
*2 tsk malen kanel*
*1 tsk malen muskotnöt*
*1 tsk malen ingefära*
*1/2 tsk malen kryddnejlika*

Sätt ugnen på 175 grader.

Strö ut de rivna skalen på en plåt klädd med bakplåtspapper. Ställ in plåten i ugnen, stäng av värmen och låt skalen torka under natten.

Blanda socker med kryddor och de torkade skalen. Häll upp i en ren burk.

## Kaffechokladmix

Varva de torra ingredienserna i en glasburk – snyggt och gott! Den angivna mängden räcker till två – perfekt att ta med på en mysig dejt i pulkabacken. Blanda med lite varmt vatten och ni har en god och härlig dryck att värma er med.

2 portioner

*5 msk pulvermjölk*
*4 tsk snabbkaffepulver*
*2 msk kakao*
*ca 2 msk strösocker*
*1 krm malen kardemumma*

*6 dl vatten*

## Chokladgran

*ca 500 g mörk choklad*
*ca 5 dl hackad torkad frukt, nötter och frön*
*1/2 dl kokosflingor*

*ca 50 g mörk choklad*
*florsocker*

Rita på bakplåtspapper 5 kors: 15 cm, 13 cm, 11 cm, 8 cm och 6 cm stora i diameter.

Smält chokladen i en skål över sjudande vattenbad. Blanda i frukt, nötter, frön och kokos.

Klicka ut chokladsmeten längs de utritade linjerna i korsform. Gör även en klick att sätta på toppen av granen.

Ställ in i kylskåpet tills chokladen stelnar.

Smält choklad. Stapla korsen på varandra, det största i botten och det minsta överst. Använd den smälta chokladen för att fästa korsen vid varandra. Avsluta med chokladklicken. Pudra med florsocker.

## Pepparkaksgran

*pepparkaksdeg (s. 54)*

Glasyr
*3 dl florsocker*
*ca 3 msk vatten*

*silverkulor*

Förbered pepparkaksdegen. Stansa ut stjärnor i 8 olika storlekar – 4 stycken av varje storlek.

Avsluta med en liten stjärna att sätta i toppen på granen.

Grädda kakorna enligt beskrivningen.

Rör ihop glasyren. Klistra ihop pepparkakorna av samma storlek med varandra med hjälp av en liten klick glasyr. Fäst sedan ihop de olika delarna, med de största nedtill och den minsta stjärnan högst upp.

Ringla glasyr över hela granen så att det ser ut som ett snötäcke. Dekorera med silverkulor.

*Sugar and spice and all things nice . . .*

# Register


anistryffel 17
Anne Trewhitts Christmas pudding 100
apelsinkaka med karamellsirap 62
aprikosjuveler 38

blåbärs-ris à la Malta med frysta bär 98
brandy butter 100
brie med knäck och pekannötter 110
brownies, pepparmynts- 82
butterscotchkräm 90

cappuccinofudge 18
caramel trifle 88
chaibröd med banan 66
cheesecake, pepparkaks- 64
choklad- och hallontrifle 88
choklad- och romkaka med rostad mandel 68
choklad, vit, med nötter, kokos och frukt 33
chokladbräck med polkagrisar 33
chokladdoppad mandelkrokant 29
chokladdoppad torkad frukt 21
chokladdoppade marshmallows 26
chokladdryck, het 108
chokladfras, pudrade 21
chokladfyllda skedar 26
chokladgran 114
chokladtryffel med crème fraîche 11
Christmas pudding 100
cider, tranbärs- 108
cider, vanilj- och äppel- 108
citron- och ingefärskaka 68
citrusskal, kanderade 38
citrussocker, kryddigt 112

Earl Grey-kakor 42
English trifle 88
exotisk fruktsallad med citrongräs 103

fikonbollar, Mias 29
fikonmarmelad med smak av cider och kanel 110
fikonpaj, mini-, med toffee 78
fikonstjärnor 44
fluffig frusen polkagrispaj 80
fransk nougat 22
fruktpudding 76
fruktsallad med kardemumma, rom och vitchoklad 103
fruktsallad med yoghurt, honung och mandel 103
fruktsallad, exotisk, med citrongräs 103
fruktsallad, Victors heta 103
frusen polkagrispaj 80
frysta piña colada-bollar 15
fudge 18
fudge, cappuccino- 18
fudge, ingefärs- och kokos- 18
fudge, rocky road- 18

gelégodis 34
gingersnaps 42
glögg-glass 96
glögg-granita 96
glöggpäron, inbakade 84
grahamskakor med kanelsocker 48
granita, glögg- 96
granita, julmust- 96
granita, tranbärs-, med kanel 96
granolabiscotti 56
gröt, klassisk 98
gröt, mandel-, med calvadosäpplen 98
gröt, saffrans- 98

hasselnötspraliner 17
havrekakor med choklad, nötter och kokos 52
havrerutor med dadlar, lingon och valnötter 70
het varm chokladdryck 108

inbakade glöggpäron 84
ingefärs- och kokosfudge 18
Irish cream-likör 108
italiensk julkaka 104
italiensk julkaka med krämfyllning 104
italiensk julkaka med marinerade sultanrussin 104

jordnötsrutor 72
jordnöts- och syltrutor 72
julkaka, italiensk 104
julkaka, italiensk, med krämfyllning 104
julkaka, italiensk, med marinerade sultanrussin 104
julmustgranita 96

kaffechokladmix 112
kaffetryffel med kokos 11
Kahlúatrifle med hasselnötter 88
kakor med fikon, valnötter och choklad 46
kakor med M-godis 46
kanderade citrusskal 38
kanderade äpplen 30
kardemumma- och kaffekaka 60
kardemummakakor 48
kardemummatryffel 12
kinesisk mandeldessert 92
klassisk gröt 98
klassisk kola 25
klassisk mjuk pepparkaka 66
knäck 36
kokoskakor med chokladkräm 48
kola, klassisk 25
kola, ängla- 25
kolapaj 78
kolapraliner med espressosmak 15
krispig mjölkchokladtryffel 12
kristallkaramell 30
kryddigt citrussocker 112
körsbärssurpris 44

lime- och myntagelé med bär 94
Limoncellotrifle 88
lingonpäron med vaniljglass 84

lollipops 30
lussebullar 58
lussesnurror i form 58

mandeldessert, kinesisk 92
mandelgröt med calvadosäpplen 98
mandelkakor med lemon curd 44
mandelkonfekt 21
mandelkrokant, chokladdoppad 29
marmelad, fikon- 110
marshmallows, chokladdoppade 26
marängtorn med vit choklad och lingon 86
messmörstryffel 12
Mias fikonbollar 29
minifikonpaj med toffee 78
mintkyssar 36
mjuk pepparkaka 66
mjuk pepparkaka med äppelmos och ananas 66
mocka- och chokladkaka 82
mosaikkakor 40
muskovadotryffel 15
mördegskakor 40

nougat, fransk 22
nöt- och chokladgodis 29
nötter och frukt i honung 112

paj, kola- 78
paj, polkagris-, frusen 80
paj, päron-, med mandelmassa 74
paj, ricotta- och äppel- 74
paj, stjärn- 76
pan pepato 33
pastellkakor 40
pepparkaka, mjuk 66
pepparkaka, mjuk, med äppelmos och ananas 66
pepparkakor 54
pepparkaksbiscotti 56
pepparkakscheesecake 64
pepparkaksgran 114
pepparkakstoffee 25
pepparmyntsbrownies 82
pepprig citron- och ingefärskaka 68
piña colada-bollar, frysta 15
piña colada-trifle 88
pistagenötter, rostade, med kardemumma 21
polkagrisar 36
polkagrispaj, frusen 80
popcornsbollar med tranbär och cashewnötter 33
praliner, hasselnöts- 17
praliner, kola-, med espressosmak 15
pudrade chokladfras 21
päron- och lingonkaka 60
päron, glögg-, inbakade 84
päron, lingon-, med vaniljglass 84
päron, saffrans-, med mascarpone 84
päronpaj med mandelmassa 74

ricotta- och äppelpaj 74
ris à la Malta, blåbärs-, med frysta bär 98
rocky road-fudge 18
rom- och pekannötsbollar 17
romrutor med karamell 70
rostade pistagenötter med kardemumma 21
rödbetskaka med äpple och valnötter 62

saffransbiscotti med apelsin 50
saffransdrömmar 50
saffransgröt 98
saffranskaka med russin, svärmor Karins 58
saffranspäron med mascarpone 84
saffranssnittar med choklad 50
saffranstryffel 17
saftig päron- och lingonkaka 60
skedar, chokladfyllda 26
sticky toffee pudding 90
stjärnpaj 76
svärmor Karins saffranskaka med russin 58

tjong 25
toffee, pepparkaks- 25
torkad frukt, chokladdoppad 21
tranbärscider, varm 108
tranbärsgranita med kanel 96
trifle 88
trifle med blandad frukt 88
trillingnöt 29
tryffel 8
tryffel med fleur de sel 11
tryffel, anis- 17
tryffel, kardemumma- 12
tryffel, messmörs- 12
tryffel, mjölkchoklad- 12
tryffel, muskovado- 15
tryffel, saffrans- 17
tryffel, vit choklad-, med kanel och lingon 15
tryffel, vit, med grönt te 11

valnötter i balsamvinäger 110
vanilj- och äppelcider, varm 108
varm tranbärscider 108
varm vanilj- och äppelcider 108
varm vit choklad 108
Victors heta fruktsallad 103
vit choklad med nötter, kokos och frukt 33
vit choklad, varm 108
vit chokladtryffel med kanel och lingon 15
vit tryffel med grönt te 11

ädelost- och pepparkaksbollar 110
änglakola 25
äppelchips 106
äpplen, kanderade 30

# Tack

till dem som har varit vänliga och sponsrat oss och lånat ut porslin:
Hertzman Frukt & Grönt, Itigo – ISIS choklad och Granit.

Vi vill dessutom tipsa om våra favoritbutiker där vi har hittat färger, smaksättningar och dekorationer till allt vårt bakande:
The English Shop, www.englishshop.se, och Stockholms Aeter & Essencefabrik AB, essencefabriken@minpost.nu